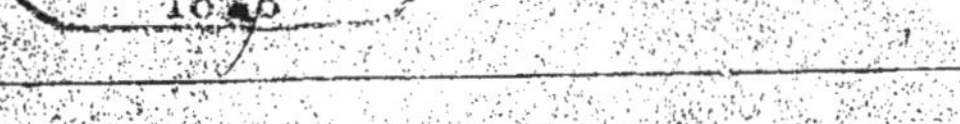

PUBLICATIONS SCIENTIFIQUES-INDUSTRIELLES DE E. LACROIX

MANUEL DU GRÉEMENT ET DE LA MANŒUVRE

POUR SERVIR AU BREVET

DE CAPITAINE AU LONG COURS ET DE MAITRE AU CABOTAGE

SUIVI DE NOTES

UTILES A TOUS LES MARINS

PAR

E. BRÉART

LIEUTENANT DE VAISSEAU

COMMANDANT LA CORVETTE D'INSTRUCTION DES ÉLÈVES DE L'ÉCOLE NAVALE IMPÉRIALE

Ouvrage publié avec l'autorisation de Son Excellence le Ministre de la Marine.

DEUXIÈME PARTIE

MANŒUVRES PARTICULIÈRES AU BATIMENT A VAPEUR

3 francs

PARIS

LIBRAIRIE SCIENTIFIQUE, INDUSTRIELLE ET AGRICOLE

Eugène LACROIX, Éditeur

LIBRAIRE DE LA SOCIÉTÉ DES INGÉNIEURS CIVILS

15, QUAI MALAQUAIS

1863

MANUEL

DU GRÉEMENT

ET

DE LA MANOEUVRE

DEUXIÈME PARTIE

MANOEUVRES PARTICULIÈRES AU BATIMENT A VAPEUR

Paris. — Imprimerie P.-A. Bourdier et Cie, rue Mazarine, 30.

MANUEL
DU GRÉEMENT
ET
DE LA MANŒUVRE

POUR SERVIR AU BREVET

DE CAPITAINE AU LONG COURS ET DE MAITRE AU CABOTAGE

SUIVI DE NOTES

UTILES A TOUS LES MARINS

PAR

E. BRÉART

LIEUTENANT DE VAISSEAU

COMMANDANT LA CORVETTE D'INSTRUCTION DES ÉLÈVES DE L'ÉCOLE NAVALE IMPÉRIALE.

Ouvrage publié avec l'autorisation de Son Excellence le Ministre de la Marine.

DEUXIÈME PARTIE

MANŒUVRES PARTICULIÈRES AU BATIMENT A VAPEUR

PARIS

LIBRAIRIE SCIENTIFIQUE, INDUSTRIELLE ET AGRICOLE

Eugène LACROIX, Éditeur

LIBRAIRE DE LA SOCIÉTÉ DES INGÉNIEURS CIVILS

15, QUAI MALAQUAIS

1863

MANŒUVRES
PARTICULIÈRES
AU BATIMENT A VAPEUR

CONSIDÉRATIONS GÉNÉRALES SUR LA MANŒUVRE DES BATIMENTS A VAPEUR.

307. Quelles sont les différences principales qui, au point de vue de la manœuvre, existent entre les navires à voiles et les navires à vapeur?

Pour que le navire à voiles puisse atteindre directement l'endroit vers lequel il se dirige, il est nécessaire que le vent ne lui fasse pas défaut, et aussi qu'il souffle d'une direction telle que le bâtiment ne soit pas dans l'obligation de louvoyer. Grâce à son moteur, le navire à vapeur est dans des conditions essentiellement différentes; il réalise, en effet, pendant le calme, une vitesse, sinon supérieure, du moins égale à celle qu'il lui est possible d'obtenir dans les meilleures circonstances, parce qu'il court sur une surface calme et unie et n'éprouve pas ces tangages fréquents qui sont autant d'obstacles à sa marche, lorsqu'il est poussé par un vent favorable.

Si la direction du vent ne permet pas au navire à voiles de se diriger en droite ligne vers son lieu de destination, il est forcé de louvoyer, au lieu que le bâtiment à vapeur met le cap sur le point qu'il veut atteindre et marche à l'encontre du vent à l'aide de son moteur.

La plupart des navires sont aujourd'hui pourvus d'appareils assez puissants pour pouvoir lutter avantageusement contre une grosse mer et un vent très-frais; mais si les circonstances de la navigation imposent d'apporter de l'économie dans la consommation du combustible, ou si l'impuissance de la machine met le bâtiment dans l'impossibitité de gagner au vent, le vapeur perd alors la plupart de ses avantages spéciaux et, comme le navire à voiles, est obligé de louvoyer à l'aide de son moteur et de ses voiles, pour s'élever ou se maintenir au vent.

Si la présence d'un obstacle ou d'un danger nécessite de dévier immédiatement de la route suivie, le bâtiment à vapeur peut, à l'aide de sa barre, éviter les conséquences fâcheuses d'un abordage. Dans les mêmes circonstances, le navire à voiles n'obéit d'une manière effective à l'effet de son gouvernail qu'après avoir détruit l'équilibre de sa voilure. Il résulte de cette obligation que si la manœuvre nécessaire pour éviter la rencontre n'a pu être prévue à l'avance, l'accident que l'on voulait conjurer devient inévitable.

Le navire à vapeur, n'ayant pas à tenir compte de la direction du vent, est plus apte que le navire à voiles à effectuer un changement de route de quelques quarts sur un bord ou sur l'autre; mais il ne conserve plus les mêmes avantages lors d'une évolution complète à accomplir dans un espace borné. Privé de voilure, il ne peut ajouter son action à celle de la barre; réduit, par conséquent, à la seule puissance du gouvernail, son mouvement giratoire s'opère plus lentement et suivant une courbe d'un plus grand rayon.

308. Quelles sont les influences exercées par les propulseurs, roue ou hélice, sur le gouvernail, lorsque le navire va de l'avant ou qu'il cule?

En raison de leurs positions différentes, les propulseurs agissent sur le gouvernail avec plus ou moins d'instantanéité. Le navire à roues ne commence à gouverner qu'après s'être déplacé d'une certaine longueur, au lieu que le navire à hélice obéit à l'action de son gouvernail avant d'avoir acquis de l'air, dès que son moteur a été mis en mouvement. Il est facile de se rendre compte des causes qui produisent ces effets.

Les roues, au début de leur mouvement, emploient leur force mécanique à vaincre l'inertie du navire qui résiste à leur effort; elles déplacent ainsi de l'eau qu'elles repoussent sur l'arrière et qui s'établit en deux courants, d'abord parallèles à la quille, mais s'éloignant ensuite de sa direction. Ces courants ne produisent aucun effet sur le gouvernail tant que le navire est immobile; c'est seulement lorsqu'il s'est déplacé que l'eau repoussée vient remplir le sillon qu'il a laissé ouvert derrière lui, et exerce sur le gouvernail une action d'autant plus considérable et plus prompte que la vitesse est grande.

Ce qui a eu lieu avec l'hélice est d'une nature bien différente.

Aussitôt que le propulseur est mis en mouvement, il projette par son recul de l'eau sur le safran et produit ainsi un courant factice qui donne de la puissance au gouvernail avant que le bâtiment ait pris de l'aire. Cette propriété de l'hélice offre de précieux avantages; elle permet, en effet, au navire amarré sur son ancre ou sur un point fixe quelconque d'effectuer de grandes abattées, et quelquefois même d'opérer un tour complet autour de l'objet sur lequel il est amarré. Il en résulte qu'un bâtiment à hélice convenablement mouillé, c'est-à-dire ayant hors de l'écubier une quantité de chaîne suffisante pour n'avoir pas à craindre de déraper son ancre avant le moment voulu, peut exécuter sans difficulté les appareillages les plus difficiles, parce que, possédant la faculté de gouverner sans air, il lui est possible de présenter le cap dans la direction favorable à la sortie.

Le bâtiment à roues, lorsqu'il est droit, offre au liquide une résistance égale sur ses deux bords. Ses roues, également plongées, agissent alors avec une égale puissance, d'où il résulte qu'il se transporte en droite ligne, si la barre est au milieu. Mais il n'en est pas de même pour le bâtiment à hélice, dont le propulseur joint une action latérale à celle qu'il produit suivant l'axe longitudinal. En effet, les ailes inférieures, plus plongées, éprouvant une plus grande résistance que celles supérieures, il résulte de leur part une inégalité d'action produisant un excès de pression latérale qui a pour effet de porter l'arrière sur le côté, et oblige, par conséquent, de donner au gouvernail une position inclinée suffisante pour maintenir le navire au même cap. Le bord sur lequel l'action oblique du propulseur contraint le bâtiment à venir, dépend de la direction du pas de l'hélice. Si ce pas est à droite, le navire est appelé sur bâbord; s'il est à gauche, le mouvement s'opère sur tribord. En effet, dans le premier cas, la branche supérieure tourne de bâbord à tribord pendant que la branche inférieure, qui trouve plus de résistance, se meut de tribord à bâbord; l'excès de pression a donc pour résultat de pousser l'arrière sur tribord et, par conséquent, l'avant sur bâbord. Le contraire se produit quand le pas est à gauche.

En général, les navires à vapeur, quel que soit leur propulseur, ne peuvent compter sur l'action du gouvernail pour abattre sur un bord déterminé en culant (1). Le navire à roues n'apporte quelque certi-

(1) Tel est, au moins, ce qui a lieu pour nos bâtiments à roues tous pourvus de mâtures d'une certaine élévation, de tambours assez volumineux, présentant au vent une grande surface sur laquelle il exerce, selon sa direction, une action tantôt favorable, tantôt contraire à l'abattée. Tout porte

tude dans l'exécution de sa manœuvre qu'en se servant de ses voiles, ou en transportant des poids sur le bord où il veut abattre, afin de donner plus d'action à la roue de ce côté.

Sur le navire à hélice, le gouvernail n'a aucune influence propre dans la marche en arrière. Le bâtiment qui, ayant le pas de son hélice à droite, vient sur bâbord en allant de l'avant, abat sur tribord lorsqu'il cule; si le pas est à gauche, l'hélice fait venir sur tribord dans la marche en avant, et sur bâbord dans la marche en arrière. Il en résulte que le propulseur favorise l'abattée quand elle doit avoir lieu sur le bord où la direction du pas oblige le navire à venir et qu'il la rend impossible lorsqu'il faut l'opérer sur le bord contraire, à moins que les courants ou la brise n'agissent favorablement pour la produire.

309. Quelle longueur faut-il donner aux lignes de loch des navires à vapeur?

La houache du loch d'un navire à vapeur doit être le double de celle d'un navire à voiles, c'est-à-dire égale à deux fois sa longueur.

A cette distance, l'influence du remous produit par les roues cesse d'être sensible, et si l'on a soin de jeter le loch en dedans des ondulations qu'elles produisent, le chemin parcouru peut s'estimer avec autant d'exactitude sur un bâtiment à vapeur que sur un bâtiment à voiles.

Une longueur de houache double de celle du navire suffit aussi au bâtiment à hélice, dans la plupart des circonstances, pour évaluer convenablement sa vitesse. Les résultats donnés par le loch et ceux fournis par les relèvements pendant de nombreuses expériences

à admettre que le navire qui pourrait se soustraire à ces causes obéirait à sa barre au gré du manœuvrier. Partant de l'état de repos, par calme, et faisant machine en arrière, le gouvernail droit au milieu, son état de symétrie étant parfait, il se déplacerait en droite ligne, puis lorsqu'une certaine vitesse aurait été acquise, le mouvement d'abattée se produirait nécessairement sur le bord où la barre aurait été portée. C'est à ces causes, et peut-être aussi à une très-petite différence de tirant d'eau, que les remorqueurs et les petits bâtiments à vapeur des ports de commerce doivent la certitude de leurs manœuvres. Ces navires, qui circulent incessamment entre des jetées resserrées, rencontrent souvent des obstacles imprévus, qu'ils ne peuvent éviter qu'à la condition de venir sur un bord déterminé en marchant en arrière. Ne pouvant imputer les résultats obtenus à un mode spécial de manœuvre, nous sommes porté à penser qu'ils doivent provenir de causes inhérentes aux bâtiments eux-mêmes.

effectuées par divers navires à hélice ont été les mêmes, à quelques dixièmes de nœud près. Ils ne peuvent différer d'une manière sensible que lorsqu'un vent très-fort et une grosse mer, faisant obstacle au navire, donnent au propulseur un recul exagéré. Dans cette circonstance, le courant produit par ce recul joint son action à celle de la lame pour entraîner le bateau de loch dont le déplacement peut alors être pris pour celui du bâtiment. Pour éviter cette cause d'erreur, on doit être attentif à jeter le loch en dehors du courant engendré par le propulseur.

310. Établissez la comparaison entre les roues à aubes et l'hélice, relativement au temps et à l'espace nécessaires pour l'accomplissement des évolutions.

Dès que l'hélice est mise en rotation, elle comprime l'eau environnante et la repousse sur l'arrière, produisant ainsi un courant factice qui vient frapper la surface du gouvernail, sur lequel elle agit comme le ferait l'eau déplacée par le bâtiment, s'il allait de l'avant. Il en résulte que le navire à hélice peut commencer son mouvement giratoire sans air, dès que le propulseur est mis en mouvement, et l'effectuer avec d'autant plus de rapidité que le gouvernail est plus porté du côté où l'on veut venir; l'action de l'eau projetée par l'hélice venant aussi s'ajouter à celle produite par la vitesse du navire peut accélérer l'évolution.

Le bâtiment à roues ne peut sentir l'effet de son gouvernail qu'après s'être déplacé d'une certaine longueur, nous l'avons déjà dit; de plus, son propulseur ne vient pas en aide à la barre pour l'accélération des évolutions, qui, en raison de ces deux causes, ont plus de durée et plus d'étendue que celles du bâtiment à hélice de même puissance et de même longueur.

M. le vice-amiral Bouët-Willaumez, dans son article « Évolutions » de l'Encyclopédie du dix-neuvième siècle, relate l'expérience suivante. « Deux navires, dans les conditions sus-énoncées, étant stoppés « et sans vitesse aucune, se sont mis en marche à toute vapeur, le « gouvernail tout d'un bord, après avoir jeté à la mer une bouée « flottante pour indiquer le point de départ. Le bâtiment à hélice a « mis 4 minutes à parcourir un cercle de 84 mètres de rayon, en « venant aboutir précisément à la bouée du départ; il a tracé conséquemment un cercle régulier. Le bâtiment à roues a mis 8 minutes 50 secondes à parcourir un cercle de 170 mètres de rayon, « cercle irrégulier d'ailleurs, son point d'arrivée s'étant trouvé placé « à 75 mètres en dedans de la bouée de départ. »

Si les bâtiments sont animés d'une certaine vitesse au moment où commence le mouvement giratoire, il est évident que l'évolution est plus longue à s'accomplir et exige plus d'espace. C'est ainsi qu'une nouvelle expérience faite avec les deux navires, dotés d'une vitesse de 6 nœuds au moment de l'évolution, a donné les résultats suivants : le navire à hélice a mis 6 minutes à parcourir un cercle de 166 mètres de rayon, tandis que le rayon du cercle tracé par le bâtiment à roues n'a pas été moindre que 230 mètres, et qu'il lui a fallu 9 minutes 15 secondes pour achever son évolution [1].

(1) Tout récemment, un anglais, M. Lumley, vient de prendre un brevet

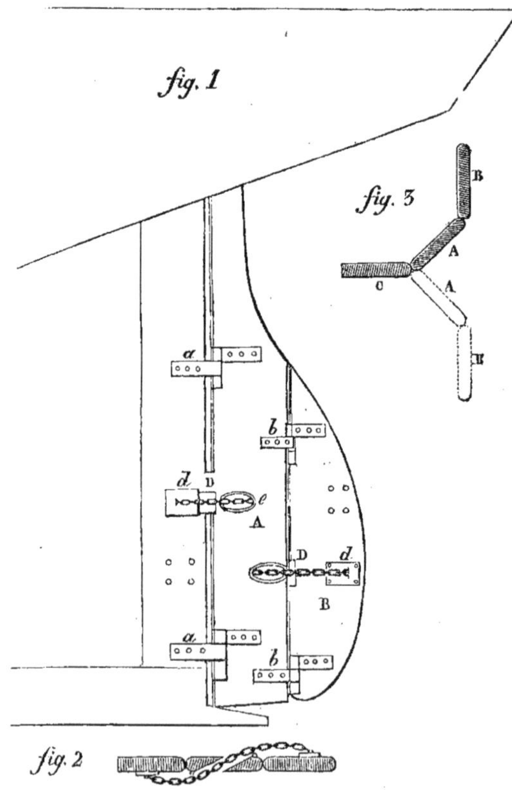

d'invention pour un gouvernail auquel il a donné le nom de *gouvernail*

En ce qui concerne l'espace nécessaire pour effectuer une évolution, nous savons qu'il doit être d'autant plus grand que le navire est plus long, soit que le mouvement giratoire commence à partir de l'état d'immobilité, soit qu'il se produise lorsque le navire est déjà animé d'une certaine vitesse; sachant aussi que l'évolution s'accomplit dans le moindre espace possible lorsque le bâtiment part du repos; nous pouvons dire que de deux navires à hélice de même longueur, mais de formes de carène différentes, c'est celui qui résiste le plus à prendre de l'air qui évolue dans le moindre espace,

perfectionné, dont la disposition permet d'accomplir des évolutions dans un temps moindre et dans un espace beaucoup plus resserré qu'avec le gouvernail ordinaire.

Ce gouvernail se compose de deux parties mobiles, reliées ensemble de champ. La portion externe ou d'en dehors, qu'il appelle la « queue, » est placée à l'extrémité extérieure de la portion interne, ou d'en dedans, à laquelle il donne le nom de « corps. » Les deux parties sont munies, l'une d'aiguillots, l'autre de femelots, de telle sorte que lorsque le corps est mis en mouvement, tourné, ou manœuvré pour gouverner le navire, la queue tourne aussi ou fonctionne à l'extrémité du corps en faisant avec lui différents angles. L'inventeur guide ou contrôle la queue de son gouvernail au moyen de deux chaînes ou cordages passant dans des ouvertures percées obliquement dans le corps. Chaque chaîne ou cordage est assujettie par une de ses extrémités à un point fixe de l'étambot, et par l'autre extrémité à un point fixe sur la queue. L'angle de la queue avec le corps peut être limité par des butées ou des arrêts. DD sont les chaînes; chacune d'elles est arrêtée par une de ses extrémités sur un point fixe de l'étambot, et, après avoir passé à travers le corps A, est fixée par son autre extrémité à la queue B, près du bord extérieur, du côté opposé à celui auquel elle est assujettie sur l'étambot. Les deux chaînes sont fixées sur les faces opposées de l'étambot, et, par conséquent, sur les faces opposées de la queue. Au lieu de deux chaînes, on peut en employer quatre ou tout autre nombre pair, lorsque les dimensions du gouvernail le rendent convenable ou nécessaire.

La partie A se manœuvre à la façon d'un gouvernail, et lorsqu'elle se tourne ou se meut de manière à faire différents angles avec la quille, la partie B tourne à l'extrémité du corps A, faisant divers angles avec le plan dudit corps A. Le gouvernail ainsi plié présente à l'eau une surface rentrée, comme le montre la section horizontale (fig. 3).

Cette machine peut s'appliquer aux navires de toute grandeur, depuis le canot le plus petit jusqu'au vaisseau de premier rang. Les qualités principales que l'inventeur lui attribue sont la simplicité, la force, l'impossibilité de se déranger, une manœuvre effective, plus de facilité à bien gouverner, la possibilité de s'élever au vent d'une côte et de prévenir les abordages.

L'Amirauté a donné l'ordre de procéder aux essais de cet appareil à Sheerness, à bord de la corvette *Columbine*. Le gouvernail ordinaire fut ex-

parce que son propulseur le fait gouverner avant qu'il se soit déplacé.

311. Quel est le temps nécessaire aux bâtiments à vapeur pour être prêts à partir?

Avec un charbon de qualité moyenne, trois quarts d'heure sont nécessaires pour obtenir la pression. Si les circonstances obligent à appareiller promptement, le niveau est fait à $0^{m},04$ environ au-dessous du niveau habituel, et l'allumage des feux est activé par une plus grande quantité de bois ou par des matières grasses jetées sur le charbon, ou encore en imprégnant de coltar le charbon à mesure qu'on le jette dans le fourneau. Dans ce dernier cas, on peut gagner la moitié du temps nécessaire, c'est-à-dire avoir de la pression en vingt-cinq minutes.

Le degré de promptitude de l'allumage dépend beaucoup de la qualité du charbon employé. Avec les charbons gras, l'allumage est plus long qu'avec les charbons maigres; il est beaucoup plus prompt avec les charbons de Newcastle ou charbons compacts qu'avec les charbons maigres. Quelle que soit l'intensité du tirage naturel, le cardiff employé seul ne donne pas la pression avant une heure. Il est donc nécessaire de mélanger ce dernier combustible avec le newcastle ou un charbon maigre, et à défaut, d'agir comme dans un appareillage pressé en employant soit les corps gras, soit le coltar.

Si la brise est très-fraîche et souffle bas, la pression qui s'exerce à l'ouverture de la cheminée, en s'opposant à la sortie du premier air échauffé, rend l'allumage long et difficile. Cet inconvénient peut s'éviter en disposant un prélart en travers au vent, de manière à abriter l'orifice de la cheminée.

Dans les climats intertropicaux, le tirage est très-long à s'établir

périmenté par un temps calme, une brise légère ou nulle. Six semaines après, par un fort coup de vent S. S. O. et grosse mer, eut lieu l'essai de l'invention de M. Lumley. Afin d'éprouver la force du nouveau gouvernail de la manière la plus concluante, l'arrière du *Columbine* fut présenté debout au vent et à la grosse mer. Dans cette position, on marcha en arrière à toute vitesse; opération que le gouvernail supporta admirablement. Le résultat signalé comme le plus remarquable fut qu'en donnant seulement 11 à 12° de barre, le gouvernail de M. Lumley eut un avantage de deux minutes sur le gouvernail ordinaire pour décrire le cercle entier, et que les diamètres de ces cercles, toujours plus petits que ceux décrits avec l'ancien gouvernail, eurent dans quelques cas une diminution s'élevant jusqu'à 50 p. 100.

en raison de la température de l'air ambiant; on doit alors, dans un cas pressé, aider la dilatation de l'air dans les conduits de la chaudière en jetant des étoupes allumées, soit dans la boîte à feu, soit par la cheminée.

Au résumé, le temps moyen entre l'allumage et la montée en pression est de trois quarts d'heure, et le temps moyen entre la montée en pression et une vaporisation active qui permette d'entretenir la dépense de la machine est de dix minutes.

312. Quelle est la rapidité sur laquelle on peut compter pour les principales manœuvres de la machine?

Les principales manœuvres à faire dans une machine sont : 1° la première mise en marche; 2° le ralentissement de la vitesse; 3° l'augmentation de la vitesse; 4° le renversement de la marche en avant à la marche en arrière; 5° le renversement de la marche en arrière à la marche en avant; 6° stopper pour un temps court; 7° stopper pour un temps prolongé.

Tout commandement s'adressant à la machine doit être précédé du mot : *Attention!* pour que le mécanicien distribue son personnel de manière à pouvoir obéir à un ordre quelconque.

1° Pour la première mise en marche, il faut se reporter à ce qui a été dit relativement à la marche des feux (§ 311).

2° En ce qui concerne le ralentissement, les commandements *Attention!* et celui *Plus doucement!* peuvent être faits en même temps, parce qu'il n'y a aucun inconvénient pour la machine à ralentir ou à diminuer son allure.

Le navire conservant sa vitesse acquise d'autant plus de temps que sa masse et sa vitesse sont considérables, il importe de faire ralentir le mouvement de la machine bien avant le moment apprécié nécessaire, afin de ne pas être obligé de renverser la marche. Dans ce dernier cas, le navire à hélice doit craindre d'engager le propulseur dans les remorques de bâtiments ou d'embarcations. Il y a de plus, pour le navire à roues aussi bien que pour le navire à hélice, difficulté si ce n'est impossibilité de se diriger dans la direction nécessaire (§ 308).

Au résumé, il vaut mieux être obligé de recommencer à faire quelques tours en avant que mettre en arrière.

3° De même que le ralentissement, l'augmentation de vitesse peut être instantanée. Cependant, comme elle nécessite une plus grande consommation de vapeur, elle ne peut avoir lieu immédiatement sans produire des projections d'eau de la chaudière au cylindre; il est donc nécessaire que toute augmentation de vitesse qui doit durer un temps assez long soit commandée dix minutes au moins avant le moment voulu, afin que les feux soient poussés de manière à fournir l'excès de dépense de vapeur.

Si la circonstance oblige à augmenter immédiatement la vitesse, le capitaine ne doit pas oublier que l'accélération de marche ne peut être que provisoire, en raison de l'impossibilité de remplacer à mesure la vapeur consommée en abondance; il doit même s'attendre à une vitesse moins grande que celle que le navire avait précédemment.

4° Le renversement de la marche en avant pour la marche en arrière ne peut être fait brusquement sans danger pour la machine; cependant s'il y a nécessité absolue d'étaler le navire, ou de le faire culer le plus tôt possible, le capitaine fera le commandement : *En arrière à toute vitesse !* Il faut s'attendre alors à des chocs violents dans l'appareil et sur le navire, surtout si le propulseur est une hélice amovible, car elle reculera en se démanchant de l'arbre extérieur et viendra frapper l'étambot arrière où elle prend son point d'appui pour *tirer* le navire.

Dans les circonstances ordinaires, il est préférable de prendre son temps. Le capitaine commande tout simplement : *Machine en arrière !* Le mécanicien diminue alors la vitesse en avant assez vite, quoique graduellement, et passe à la marche en arrière qu'il augmente aussi graduellement jusqu'à ce que le bâtiment soit étale. Le capitaine modifie alors son commandement comme la circonstance l'indique; la manœuvre finale est ainsi bien mieux assurée.

5° Le renversement de la marche en arrière à la marche en avant exige les mêmes précautions que celui de la marche d'avant en arrière, avec cette seule différence que pour la première tout le personnel des mécaniciens reste aux leviers de manœuvre, et que pour la deuxième elle est faite avec le personnel de quart ordinaire. Il y a donc lieu, pour l'un ou pour l'autre cas, de prévenir s'il doit y avoir continuité de marche.

6° Le commandement de *stopper* peut suivre immédiatement celui d'*attention*. Il n'y a pas d'autre commandement spécial à adresser à la machine que celui de *paré à manœuvrer*, afin que le mécanicien puisse faire obéir la machine immédiatement en gardant ses hommes aux leviers et aux registres.

Si le moment de stopper peut être prévu dix minutes ou un quart d'heure à l'avance, il est de bonne précaution de prévenir dans la machine afin qu'on ait le temps de ralentir la combustion par l'ouverture des différentes portes de la chaudière, et de diminuer la production de vapeur par une extraction et une alimentation simultanées. Il résulte de ces précautions qu'au moment où la machine est arrêtée, la pression dans la chaudière se trouve assez diminuée pour ne pas donner lieu au soulèvement de la soupape et par suite au bruit gênant, pour la manœuvre, que fait la vapeur en s'échappant par le tuyau de décharge. De cette manière, en diminuant l'intensité des feux sans interrompre la charge des fourneaux, on peut repartir au moment voulu avec la pression normale ; toutefois il faut prévenir dans la machine par le commandement « *Paré à marcher!* » quelques minutes avant, afin que les portes soient refermées et que les feux soient remis en pleine vigueur.

Toutes les fois qu'il sera nécessaire de faire quelques tours en avant ou en arrière pour maintenir en direction le navire stoppé, on commandera dans la machine « Paré à faire quelques tours en avant ou en arrière ; » ainsi le mécanicien ne changera rien aux dispositions prises pour maintenir la chaudière à l'état de repos momentané.

Si l'hélice est à deux ailes; ne jamais stopper que l'hélice verticale dans sa cage pour qu'elle ne donne pas prise au courant, à moins que celui-ci, par son action sur les ailes, ne soit favorable au maintien du navire dans la position voulue.

7° Si l'on doit rester stoppé pendant plus d'une demi-heure, le temps peut être apprécié relativement long.

Il faut dans ce cas : 1° prévenir un quart d'heure à l'avance que l'on stoppera sous vapeur, de façon qu'on ait le temps de ralentir les feux. Il sera préférable d'informer directement le mécanicien de cette circonstance, pour qu'il puisse faire les visites, changements ou opérations qu'il n'est pas possible d'exécuter en marche, et qui, sans être obligatoires, sont au moins utiles; 2° ramener les feux sur l'avant ou sur l'arrière du fourneau, et les entretenir assez vigoureux pour les rallumer en dix minutes, sans toutefois qu'il y ait production abondante de vapeur; 3° pour remettre en route, commander de pousser les feux au moins dix minutes avant le moment où on aura besoin de la machine, temps minimum pour remonter la pression et pour donner aux feux la vigueur nécessaire à l'entretien de la pression.

Les observations, en ce qui concerne l'hélice à deux ailes, sont les mêmes que pour le cas précédent.

MANŒUVRE SOUS VAPEUR.

313. Quelle est la vitesse que doit avoir un bâtiment à vapeur en marche pour tourner aussi court que possible?

Si la vitesse du navire est considérable, nous jugeons tout d'abord, au seul énoncé de la question, qu'il est nécessaire de la réduire pour faire le moins de chemin possible pendant l'évolution, et de ne conserver que celle indispensable pour donner au gouvernail toute sa puissance. Ce degré de vitesse ne peut être fixé d'une manière absolue ; il dépend à la fois des formes de la carène et du tonnage; tel navire obéit très-énergiquement à sa barre lorsqu'il file quatre nœuds, tandis qu'un autre exige un sillage supérieur. C'est au capitaine qu'il appartient de juger la vitesse nécessaire au navire pour accomplir son évolution promptement et dans le plus petit espace possible; son expérience est le meilleur guide à cet égard. De nombreux essais donnent raison de croire qu'un sillage de cinq nœuds est celui qui convient le mieux pour tourner dans les conditions posées.

On comprend suffisamment l'importance, pour le navire à roues, de ne pas se présenter sans air au point où il doit tourner ; en effet, pareil bâtiment placé dans cette position et venant à abattre par l'effet du courant ou de la brise ne pourrait remettre le cap en direction, à l'aide de son gouvernail, qu'après avoir marché en avant, il aurait ainsi dévié de sa route et se serait mis dans l'impossibilité d'effectuer sa manœuvre au point indiqué.

Les considérations que nous venons d'exposer s'appliquent au bâtiment à roues; le navire à hélice ne se trouve pas dans les mêmes conditions. Nous savons en effet (§ 308) que le bâtiment en repos obéit à l'action de son gouvernail dès que le propulseur est mis en mouvement ; il n'est pas nécessaire par conséquent qu'il arrive avec beaucoup d'air au point où il veut tourner ; bien au contraire, il doit s'y présenter presque étale et y étant arrivé, remettre la machine en avant, en portant complétement le gouvernail sur le bord convenable.

L'évolution, ayant commencé à partir de l'état de repos, s'accomplira dans une circonférence d'un rayon moindre que celle qui aurait été parcourue, si le bâtiment avait eu une certaine vitesse au début.

C'est encore ici le lieu de constater l'avantage précieux pour le navire de pouvoir gouverner sans air. Supposons, par exemple, que deux bâtiments à vapeur, l'un à roues, l'autre à hélice, soient forcés de mouiller dès qu'ils auront doublé une pointe derrière laquelle se trouvent des bâtiments sur leurs ancres.

Pour se réserver la possibilité de mouiller à l'endroit convenable, le navire à roues aura dû s'éloigner de la pointe, afin de se ménager l'espace qui lui est nécessaire pour tourner, de façon à mettre le cap dans la nouvelle direction; tandis que le navire à hélice pourra s'en approcher autant que la hauteur du fond le permettra, et s'y présenter presque sans air pour bien reconnaître sa position. La situation une fois jugée, il fera quelques tours en avant pour donner de la puissance au gouvernail, et lorsqu'il aura le cap en direction de la route à suivre, marchera à la vitesse qu'il jugera convenable pour atteindre le lieu du mouillage. En raison de la disposition des lieux, le navire à roues pourra éprouver de la difficulté à exécuter cette manœuvre, tandis que le navire à hélice l'effectuera fort aisément.

314. Comment doit-on manœuvrer pour faire le tour dans le plus petit espace possible, lorsqu'il fait calme?

C'est seulement lorsque le navire est resserré entre des obstacles qu'il y a nécessité absolue de le faire tourner dans le plus petit espace possible. Ce fait étant posé, examinons quelles sont les ressources offertes par les roues à aubes et par l'hélice pour l'exécution de cette manœuvre.

Le navire à roues n'obéissant énergiquement à sa barre qu'à la condition d'être animé d'une certaine vitesse (§ 308), et, en outre, ne disposant pas, dans le cas qui nous occupe, d'un espace assez vaste pour acquérir la vitesse nécessaire à faire le tour, nous en concluons que l'évolution ne peut s'accomplir que par des mouvements successifs d'allées et de venues. Dans cette condition, elle ne serait possible à exécuter que si l'abattée du bâtiment culant s'effectuait dans le même sens que lorsqu'il va de l'avant; or, le navire à roues n'étant pas maître de son abattée en marchant de l'arrière (§ 308), à moins d'avoir recours à certains moyens impossibles à employer dans la circonstance, nous disons que la manœuvre ne peut pas être effectuée à l'aide de la vapeur seule, et que, pour la réussir, il est indispensable de se servir d'amarres élongées à l'avance sur des objets résistants placés à proximité.

En pareil cas, on ne doit pas se contenter de haler à la main sur les amarres, mais faire agir sur elles le bâtiment animé d'une certaine vitesse. Ainsi, ayant pris par l'avant, et du bord sur lequel on veut tourner, l'amarre frappée sur un point fixe convenablement placé pour l'exécution de l'évolution, on marche doucement en avant pour la roidir, en prenant la précaution de stopper assez à temps pour qu'elle ne reçoive pas une tension trop brusque; puis, cette tension obtenue, on fait quelques tours en avant avec le gouvernail placé du bord sur lequel on veut venir. Le bâtiment, sollicité par son amarre et par sa barre, effectue son abattée promptement et sur place. On stoppe la machine pour ne pas s'exposer à la rupture de l'aussière d'évitage, et lorsque cet accident n'est plus à craindre, on remet en avant avec précaution pour continuer l'évolution.

Bien que le navire à hélice, en raison de l'avantage qu'il possède de sentir l'action du gouvernail dès que son propulseur est mis en mouvement, puisse faire le tour dans un espace plus resserré que le navire à roues de même longueur, il n'en résulte pas moins qu'ayant acquis de la vitesse après un certain nombre de tours d'hélice, il manque alors de l'emplacement nécessaire pour marcher en avant et se voit aussi forcé d'effectuer son évolution en culant.

L'hélice, en raison de la direction de son pas, oblige le bâtiment à venir toujours sur le même bord en culant (§ 308); c'est donc sur ce bord que l'abattée doit forcément s'effectuer, lorsque la machine agit seule. Il en résulte qu'une évolution à opérer dans le sens où l'hélice entraîne le navire s'accomplit facilement et promptement, tandis qu'une abattée sur l'autre bord, quelque faible qu'elle soit, oblige à faire le tour presque complet du compas et exige ainsi beaucoup de temps et de grandes précautions.

Ainsi, en supposant que l'hélice fasse venir sur tribord en culant, toute abattée sur ce bord se produira sans aucune difficulté, tandis qu'une abattée de huit quarts sur bâbord ne pourra se faire qu'en venant sur tribord, le navire ayant ainsi à décrire un arc de vingt-quatre quarts avant de pouvoir présenter le cap dans la direction de sortie. Le bâtiment, n'ayant pas l'espace nécessaire pour culer librement pendant la durée entière de l'évolution, ne pourra l'exécuter que par des mouvements d'allées et de venues, en procédant comme nous allons le dire. Il fera machine en arrière, l'abattée aura lieu sur tribord. Lorsqu'il aura suffisamment culé, il marchera en avant avec la barre à bâbord. Le mouvement de culée se prolongera encore pendant un certain temps malgré l'action du moteur, mais le navire sentira sa barre dès les premiers tours d'hélice et l'abattée se continuera. Après s'être suffisamment avancé, le bâtiment reculera de nouveau avec la barre à tribord pour recommencer ensuite son mouvement en avant. En agissant ainsi, on parviendra, après plusieurs marches en arrière et en avant, à se dégager complétement.

Une manœuvre semblable ne pouvant être exécutée avec précision qu'autant que la mise en train de l'appareil est d'une manœuvre simple et commode, il vaudra mieux opérer l'évolution sur des amarres que s'exposer à faire des avaries qui seraient le résultat d'un commandement mal compris ou trop lentement exécuté.

315. Quelle est la manœuvre à faire pour tourner court, lorsqu'il y a de la brise?

En pareille circonstance, le navire à roues tire un parti très-avantageux de ses voiles; il les emploie pour abattre et se sert de sa machine dans les points de son évolution où leur action devient inutile.

Pour nous rendre un compte exact de l'effet qu'on peut en attendre, il faut envisager la question dans son sens le plus étendu, c'est-à-dire, supposer que le navire part du vent debout pour faire le tour et revenir au même cap; après quoi il sera facile de déduire la manœuvre nécessaire à exécuter pour opérer une évolution d'une amplitude moindre.

Le navire étant évité debout au vent et devant venir sur tribord abattra sous les focs et le petit hunier, pendant que sa machine mise en avant doucement l'empêchera de culer. L'action des voiles comme évolueur continuera à se faire sentir d'une manière efficace jusqu'au moment où le bâtiment recevra le vent du travers; mais à partir de ce point elle deviendra presque nulle, et l'abattée ne pourra se continuer qu'avec le gouvernail. La condition nécessaire sera alors d'avoir devant soi l'espace nécessaire pour marcher en avant et donner ainsi de la puissance au gouvernail. Dès que le navire aura dépassé le vent arrière, on bordera la brigantine et on mettra la machine en arrière; l'auloffée s'exécutera alors rapidement, l'air sera bientôt amorti, et le bâtiment en culant regagnera le chemin qu'il avait fait en avant. C'est ainsi qu'en tournant dans un petit espace, il viendra promptement se ranger au vent du travers. Mais l'action de la brigantine devenant de plus en plus faible à partir de ce point, le reste de l'évolution ne pourra s'effectuer qu'à l'aide de la barre; par conséquent, on aura dû manœuvrer de manière à se réserver l'espace nécessaire pour marcher en avant pendant le reste de l'évolution.

Le bâtiment à hélice peut tourner court dans un moindre espace que le bâtiment à roues; son gouvernail acquiert de la puissance dès que le propulseur a donné quelques tours, avant que le mouvement de translation soit acquis; il n'est donc pas indispensable qu'il puisse disposer d'un grand champ pour exécuter à l'aide de sa barre l'évolution proposée. L'action des voiles, quoique moins nécessaire au bâtiment à hélice qu'au bâtiment à roues, lui est cependant très-utile dans certaines positions; c'est ainsi que lorsqu'il doit franchir le lit du vent par l'arrière, on établit le petit hunier et on fait marcher la machine en arrière. La façon d'employer ces deux moyens dépend du bord sur lequel on veut venir. Si l'auloffée doit s'opérer en venant du côté où l'hélice appelle le bâtiment lorsqu'il cule, le rôle de la voilure est nul; il suffit de faire marcher plus vite la machine. Si, au contraire, l'auloffée doit avoir lieu sur l'autre bord, on donne plus d'action aux voiles en orientant le petit hunier, et on ralentit le mouvement du propulseur.

316. Est-il possible de faire culer un vapeur en ligne droite, par calme ?

Cette manœuvre est impossible au navire à roues, à l'aide de la vapeur et de la barre; c'est seulement lorsque le propulseur est employé concurremment avec un moyen auxiliaire qu'elle présente une chance certaine de réussite.

Nous savons que le bâtiment à roues marchant en arrière n'obéit pas à son gouvernail à la volonté du manœuvrier; il abat sur un bord ou sur l'autre; d'où il résulte que l'abattée qui se produit sur le mauvais bord ne peut pas être arrêtée par un changement de barre, et que, pour la détruire, il est indispensable de mettre la machine en avant. Le navire est ainsi ramené en quelque sorte au point d'où il est parti, sans qu'on ait pu parvenir à exécuter la manœuvre qu'on se proposait.

Le bâtiment à roues, obligé de culer en ligne droite, par un temps calme, ne peut donc compter uniquement sur sa machine. Il se trouve dans la position du navire à voiles et en est réduit à employer les mêmes moyens que lui; c'est seulement au moyen d'amarres, ou en laissant tomber une ancre, et agissant ainsi que nous l'avons dit dans la première partie du *Manuel*, à l'article relatif à l'*appareillage en culant*, que le navire à roues peut parvenir à accomplir la manœuvre.

Puisque l'hélice, selon la direction de son pas, fait toujours venir sur le même bord en culant, il n'est pas non plus possible de culer en ligne droite, par calme, à l'aide de ce propulseur. Pour exécuter cette manœuvre, le navire à hélice doit, comme celui à roues, avoir recours à des moyens auxiliaires.

317. Peut-on culer en ligne droite avec vent debout?

Cette question prise dans un sens absolu ne peut, non plus, être résolue affirmativement par le navire à roues. Le gouvernail étant sans action dans la marche en arrière, le bâtiment reste soumis à l'effort du vent, qui, en agissant sur les œuvres mortes, sur la mâture, occasionne un mouvement d'abattée sur un bord ou sur l'autre. Donc, rigoureusement parlant, le navire à roues ne peut culer en ligne droite, debout au vent.

Si la position le permet, le manœuvrier a la liberté d'opérer comme sur un navire à voiles; il dispose les voiles de l'avant pour abattre sur le bord convenable et établit la brigantine pour soutenir au vent le plus possible. De cette manière, il peut parvenir à faire culer le bâtiment à peu près en droite ligne; mais il ne le tient pas debout au vent.

Cette manœuvre est également impossible au navire à hélice, à l'aide de la machine seule, puisque son propulseur l'entraîne forcément sur un bord ou sur l'autre; mais l'adjonction des voiles permet cependant d'assurer sa réussite lorsque la brise a un certain degré de force.

Ainsi le capitaine voulant faire culer son navire en ligne droite et debout au vent établira le perroquet de fougue et la perruche brassés carré, ou le grand hunier et le grand perroquet, selon la force du vent, et donnera l'ordre de marcher en avant doucement.

La marche en arrière du navire résultant uniquement de l'action du vent sur les voiles, il est évidemment de toute nécessité que cette action soit toujours prédominante. La vitesse donnée au propulseur doit donc être uniquement suffisante pour rendre le navire gouvernant. On comprend dès lors la possibilité de culer droit, puisque la marche en avant de la machine permet de corriger les embardées à l'aide du gouvernail.

Si des obstacles imprévus viennent empêcher la continuation du mouvement commencé, le navire est en position de revenir facilement au point d'où il est parti; il lui suffit, en pareille circonstance, d'amener ses voiles et, si cela est nécessaire, d'accroître par une plus grande vitesse l'action du propulseur.

318. Peut-on reculer contre le vent soufflant de l'arrière?

Le bâtiment à roues ne peut exécuter cette manœuvre qu'avec le secours des voiles. La machine est mise en arrière, après qu'ayant établi le petit hunier on a rangé du monde sur ses bras. C'est à l'aide de cette voile brassée convenablement qu'on redresse la route du navire qui cule sous l'impulsion de sa machine.

Cette manœuvre ne réussirait pas si la brise trop fraîche exerçait sur le petit hunier un effort que ne pourrait vaincre la machine marchant en arrière.

Pour l'exécuter avec un navire à hélice, il est nécessaire aussi d'employer le petit hunier brassé convenablement pour suppléer au gouvernail qui est sans action dans la marche en arrière, ou, du moins, n'a d'autre effet que d'accélérer le mouvement d'abattée sur le bord où la direction du pas de l'hélice oblige le bâtiment à venir.

Si la brise est fraîche, on prend le nombre de ris convenable dans le hunier afin qu'il apporte moins d'obstacle à la marche en arrière; car l'hélice, en raison de son installation, ne peut fonctionner aussi vite en arrière qu'en avant.

M. le contre-amiral Paris, dont l'autorité est si compétente, décrit de la manière suivante la manœuvre qu'il exécuta avec la frégate *l'Audacieuse*.

« L'hélice faisait venir sur tribord en culant, le petit hunier fut « orienté tribord amures; la machine marchait en arrière à raison « de 22 à 26 tours, et la frégate culait avec trois nœuds de vitesse « mesurée avec le loch jeté par l'avant. La barre fut alternativement « droite ou trois quarts de tour à bâbord, et durant la manœuvre, « qui a duré une demi-heure, l'influence du petit hunier devenant « plus forte, il a été brassé largue. Pendant ce temps, la plus grande « variation de cap a été d'un quart et demi; avec plus d'habitude, « on la réduirait certainement à un demi-quart.

« Si en reculant il y a lieu de venir d'un bord ou de l'autre, on « obtient le résultat désiré en donnant plus d'action à l'une des « deux causes opposées mises en jeu; ainsi, pour venir sur tribord, « il suffit de brasser carré, ou même à contre, et de marcher plus « vite. Pour dévier l'avant sur bâbord, il faut marcher doucement « en orientant davantage le petit hunier et lui ajoutant, au besoin, « le perroquet; on l'a éprouvé, et en tenant la barre à droite, l'hélice « à 24 tours, la frégate venait sur tribord. Si le hunier avait été « moins orienté, ou brassé carré, elle serait venue beaucoup plus

« vite. Il est donc certain qu'avec le petit hunier et l'hélice, non-
« seulement on recule en ligne droite contre le vent, mais même on
« gouverne jusqu'à prendre le vent par côté, pour se mettre dans
« les conditions ordinaires du navire voulant tourner court. »

319. Est-il facile de culer droit quand la brise vient du travers?

Dans cette circonstance encore, le navire à roues ne peut tenter sa manœuvre avec quelques chances de succès qu'en employant certaines voiles comme auxiliaires. Il est certain en effet que, pour peu que la brise soit fraîche, la roue de sous le vent sera un peu plus plongée que celle du vent, et que, dans cette condition, elle agira avec un excès de travail qui obligera le bâtiment à venir de son côté, c'est-à-dire à arriver; il faudra donc, pour parvenir à culer droit, établir la brigantine et le foc d'artimon. L'action de ces deux voiles permettra d'abord de redresser la route, puis d'éviter un mouvement d'abattée trop considérable.

Si la brigantine et le foc d'artimon ne suffisent pas à arrêter l'arrivée, il sera nécessaire de stopper. L'effet des voiles se fera sentir lorsque le navire aura perdu une partie de sa vitesse, et on ne remettra en marche qu'après être revenu au cap primitif, et même un peu plus au vent afin de compenser la dérive.

Le navire à hélice vient toujours sur le même bord lorsqu'il marche en arrière; il ne peut donc culer droit qu'à la condition d'employer certaines voiles de l'arrière ou de l'avant pour contrebalancer les effets d'arrivée ou d'auloffée dus au propulseur. Ainsi, si la brise souffle de tribord et que l'hélice fasse venir sur ce bord, il faut établir le grand foc pour faire obstacle à l'action du propulseur qui appelle le navire au vent; mais si l'arrivée est trop considérable, deux moyens se présentent pour la modérer : filer l'écoute du foc, ou accélérer le mouvement de rotation de l'hélice. Chacun d'eux pouvant, suivant les circonstances, agir à un degré d'énergie différent, c'est au manœuvrier d'employer celui qu'il juge le plus propre à ramener promptement le navire en direction. Le degré de vitesse avec lequel s'accomplit l'auloffée lui indique l'agent qu'il doit mettre en œuvre ou supprimer.

Lorsque le vent vient de bâbord, on borde la brigantine pour éviter une trop grande arrivée, et si l'effet de cette voile se fait sentir trop vivement, on file l'écoute du gui, ou bien on donne plus de vitesse de rotation à l'hélice. Le degré d'amplitude de l'auloffée prescrit celui des deux moyens auquel il faut avoir recours.

Les choses se passent à l'inverse lorsque la direction du pas de l'hélice oblige le navire à venir sur bâbord.

320. Peut-on culer droit lorsque le vent souffle de directions intermédiaires entre les précédentes ?

Si le vent souffle d'une direction peu éloignée de l'avant, un quart ou deux, la manœuvre ne présente pas chance de réussite, parce que la brigantine reçoit alors le vent si obliquement qu'elle est sans action pour maintenir le navire, qui se trouve placé dans les mêmes conditions que s'il était rangé debout au vent.

Si la direction du vent s'éloigne peu du travers, trois ou quatre quarts au plus sur l'avant ou sur l'arrière, le navire à roues doit manœuvrer ainsi qu'il a été dit dans la question précédente. Dans l'un et l'autre cas, l'influence du vent sur les œuvres mortes et la mâture viendra s'ajouter à l'action du foc ou de la brigantine pour produire des arrivées ou des auloffées considérables qu'on ne pourra parvenir à détruire qu'en employant concurremment les deux moyens indiqués dans la question précédente.

Si la brise vient d'une direction rapprochée de l'arrière, on établit le petit hunier (§ 318), dont on manœuvre les bras de manière à culer droit.

Quoiqu'un bâtiment à hélice vienne toujours sur le même bord, il est cependant possible de le faire culer droit dans toutes les directions, en annulant, au moyen des voiles, l'influence exercée par le propulseur.

Ainsi lorsque la brise soufflant de la hanche de tribord, l'hélice fait venir sur ce bord, ces deux causes agissent ensemble pour appeler l'avant du navire sur tribord ; mais on parvient à détruire leur effet, soit en établissant le grand foc, soit en donnant moins de vitesse à l'hélice.

Lorsque la brise vient de la hanche de bâbord, on se sert de la brigantine pour résister à l'hélice qui appelle sur tribord. Si la voile n'agit pas assez, on diminue la vitesse de rotation de l'hélice ; si, au contraire, elle produit trop d'effet, on file l'écoute du gui ou on accélère le mouvement du propulseur.

Si le pas est à gauche, on doit opérer à l'inverse.

La manœuvre à exécuter lorsque le vent souffle du bossoir est tout indiquée par ce que nous venons de dire.

Lorsque la direction du vent est comprise entre le travers et quatre quarts de l'avant ou de l'arrière, la manœuvre à faire est la même que celle qui se pratique quand le vent vient du travers; et lorsque la brise souffle d'une direction très-rapprochée de l'avant ou de l'arrière, on opère, dans le premier cas, comme si on devait culer vent debout (§ 317), et dans l'autre cas, comme s'il fallait culer vent arrière (§ 318).

321. Quelles ressources tire de sa machine le bâtiment à vapeur, lorsque, naviguant sous voiles et vapeur, il veut virer vent devant ou lof pour lof?

Le bâtiment à roues ou à hélice qui veut virer de bord vent devant, et faire usage à la fois de ses voiles et de son propulseur, manœuvre comme le navire à voiles. Il règle le mouvement de sa machine suivant l'état de la mer et la force du vent, de manière à opérer au moment voulu les manœuvres de vergues ou de voiles, et à se maintenir au vent.

Le navire obligé de virer lof pour lof manœuvre de façon à parcourir le moins de chemin possible pendant son virement de bord. Il doit donc stopper la machine au moment de l'évolution, et abattre sous la seule action des voiles jusqu'au vent largue. A partir de ce point, il marche en avant doucement pour donner de l'action au gouvernail et pouvoir ainsi franchir le lit du vent. Dès qu'il est rangé sur l'autre bord, la brigantine est bordée et la machine est mise en arrière; l'auloffée s'exécute promptement, et le bâtiment regagne au vent le chemin qu'il avait perdu.

Cette manœuvre est celle que nous avons déjà décrite (§ 315). Ne se propose-t-on pas, en effet, dans tout virement de bord lof pour lof, de faire le tour dans le moins d'espace possible?

322. Un bâtiment à vapeur ne peut-il pas tenir la panne autrement qu'un navire à voiles; vent debout, par exemple?

Le navire à voiles tient la panne en brassant les voiles de l'un de ses mâts à contre de celles de l'autre mât; il est alors en travers, et, dans cette position, reçoit toute l'impulsion du vent qui a pour effet de le faire dériver. Le bâtiment en panne n'est donc pas tout à fait immobile; s'il est sans mouvement de translation dans le sens de sa quille, il en a un dans le sens de sa largeur. A cet égard, le bâtiment à roues se trouve dans les mêmes conditions que le navire sans machine, car il ne peut donner de l'action à son gouvernail qu'en marchant en avant, et, puisque le but de la panne est de l'empêcher de changer de place, ce résultat ne peut être obtenu, et le navire tombe en travers.

M. le contre-amiral Paris, qui, le premier, a fait connaître toutes les ressources offertes par l'hélice, est parvenu à tenir immobile le navire pourvu de ce propulseur, en mettant en application sa propriété de faire gouverner sans air combinée avec l'action des voiles; c'est-à-dire qu'il a fait résulter la panne des efforts opposés de la voilure et de l'hélice. Il a ainsi démontré, par des expériences concluantes, que le navire à hélice peut parfaitement tenir la panne vent debout. Voici comment il prescrit d'exécuter cette manœuvre :

Établir le perroquet de fougue, ainsi que la perruche, suivant la brise, et mettre la machine en avant à très-petite vitesse, en venant debout au vent. Alors, tandis que les voiles établies poussent de l'arrière, l'hélice, en tournant, leur résiste, et, par son recul, jette l'eau sur la surface du gouvernail. Sa vitesse de rotation doit être réglée de façon à faire équilibre à l'action de la voilure, pour empêcher le navire de venir en travers. Celui-ci, quoique ne changeant pas de place, gouverne et peut venir sur un bord ou sur l'autre tout comme s'il marchait. Si le vent change ou si le navire s'écarte un peu de sa direction, on doit tenir compte du déplacement latéral occasionné par ce dérangement, et venir aussitôt un peu plus au vent, car si on tardait à rectifier la position, il faudrait plus tard marcher de l'avant pour revenir au point d'où l'on était parti.

Si le navire est maintenu attentivement debout au vent, l'amiral affirme, avec l'appui de l'expérience, qu'il est possible de garder la panne pendant nombre d'heures sans s'éloigner de plus de quinze ou vingt mètres du lieu primitif.

Lorsque le perroquet de fougue et la perruche ne suffisent pas à contrebalancer l'impulsion de l'hélice, on doit établir le grand hunier et le grand perroquet. Ces voiles offrent une plus grande surface à l'action du vent et ne sont pas assez rapprochées de l'avant pour occasionner des abattées.

323. La panne vent arrière n'est-elle pas possible au navire à roues et au navire à hélice ?

Un bâtiment à roues pouvant parvenir à culer droit avec le vent de l'arrière (§ 318), il en résulte pour lui la faculté de garder la panne dans cette position. Nous savons, en effet, que, dans le premier cas, le navire est maintenu en direction au moyen du petit hunier brassé convenablement; cette voile peut donc agir encore de la même manière lorsqu'elle est employée, comme dans la circonstance qui nous occupe, à faire équilibre à l'impulsion produite par la machine.

M. le contre-amiral Paris est arrivé à tenir la panne vent arrière, en compensant l'action oblique de l'hélice au moyen du petit hunier brassé convenablement. Il maintint ainsi immobile pendant un quart d'heure sa frégate l'*Audacieuse*. Le petit hunier était brassé pour le grand largue, et la machine donnait dix-huit tours. Pendant ce temps, la plus grande déviation de cap a été d'un quart et s'est produite très-lentement.

En ce qui concerne l'allure de la machine, il peut y avoir lieu de marcher plus doucement ou même de stopper de temps à autre, mais on arrive après quelques tâtonnements à une marche uniforme.

324. Un bâtiment à vapeur peut-il tenir la panne obliquement au vent?

Le bâtiment à roues ne peut pas tenir la panne obliquement au vent, parce qu'il en résulte une dérive inévitable qu'il n'est possible de soutenir qu'en marchant de l'avant pour donner de l'action au gouvernail; il ne peut non plus prendre la panne vent debout (§ 322). Sa seule ressource est de la tenir vent arrière.

Le navire à hélice a la faculté de prendre la panne obliquement au vent. Mais, en raison de la dérive produite dans cette position et qui ne pourrait être compensée que par un déplacement, il est préférable qu'il ait recours à l'une ou à l'autre des pannes déjà décrites (§§ 322, 323).

325. Comment sonde-t-on avec un bâtiment à vapeur?

Sur un navire à voiles, l'opération de sonder demande à être exécutée avec précision; elle exige une certaine habitude, surtout lorsqu'elle a lieu par de grands fonds. La difficulté d'obtenir la profondeur de l'eau est principalement due à l'obliquité de la ligne de sonde occasionnée par la dérive, laquelle est d'autant plus considérable que la mer est grosse et que les surfaces présentées au vent par le navire, voilure ou coque, sont grandes.

Un bâtiment sous vapeur doit évidemment songer à tirer parti de son moteur pour exécuter cette manœuvre dans les meilleures conditions de réussite. Selon les circonstances, il sonde, comme le navire à voiles, avec un plomb de 30 kilogr., ou un plomb à main. Dans le premier cas, le plomb est disposé sur le gaillard d'avant ou sur le bossoir; et les hommes sont rangés à l'extérieur, sur les bastingages et sur les tambours.

Le manœuvrier doit se proposer de maintenir le navire étale et sans dérive, il fait stopper la machine en indiquant que c'est pour un temps de peu de durée (§ 312), et range le bâtiment debout au vent si la mer est grosse, l'y conservant jusqu'au moment où le plomb a atteint le fond. Les abattées qui peuvent alors se produire, sont trop faibles pour exposer à manquer l'opération; dans tous les cas, on doit border la brigantine pour ramener le navire à sa direction première.

On sonde mieux et plus promptement avec un bâtiment à roues qu'avec un bâtiment à hélice. Sur le premier, en effet, l'air est promptement amorti après que la machine a été stoppée, parce que les pales font obstacle à la marche, scient, et qu'il suffit de quelques tours en arrière pour annuler complétement la vitesse et pouvoir jeter le plomb; mais sur le bâtiment à hélice, il faut, pour arriver à n'avoir plus d'air, mettre la machine en arrière et lui conserver ce mouvement pendant un certain temps, si l'on tient à sonder à un moment ou à un lieu précis.

Le navire à hélice doit être attentif à ne venir ni sur un bord, ni sur l'autre, pour ne pas s'exposer à enrouler la ligne de sonde autour du propulseur.

Lorsqu'on veut sonder sur des petits fonds, il faut régler la vitesse à trois ou quatre nœuds pour que les sondeurs, postés sur les tambours, ou dans les embarcations de porte-manteaux, puissent obtenir le fond à la profondeur présumée. Les hommes placés dans la dernière de ces situations auront, à cause de la position des tambours par rapport à eux, une tendance à jeter le plomb obliquement au navire, et dans ce cas, on devra gouverner de manière à se rapprocher de la ligne pour avoir le fond aussi exactement que possible.

Mentionnons une bonne indication qui peut être fournie par le petit cheval, lorsque le bâtiment navigue de nuit sur des hauts-fonds, ou dans des parages peu connus. Il suffit à cet effet de lui faire aspirer l'eau de la mer et de la répandre sur le pont; la nature et la qualité des corps contenus dans cette eau peuvent donner quelques renseignements profitables.

326. Comment doit-on manœuvrer lorsqu'un homme tombe à la mer?

Le bâtiment qui navigue sous voiles et vapeur manœuvre comme le navire à voiles. Au cri : *Un homme à la mer!* il stoppe la machine immédiatement et agit suivant les prescriptions déjà établies dans la première partie de ce Manuel (§ 198).

Le navire qui marche à la vapeur, sans l'aide de ses voiles, doit manœuvrer de manière à pouvoir amener avec promptitude et facilité l'embarcation chargée d'aller recueillir l'homme. L'état de la mer, la force de la brise, et la route que suit le navire par rapport à la direction du vent, sont autant de causes de nature à modifier la manœuvre. En effet, par belle mer et brise modérée, le navire gouvernant à deux ou trois quarts du lit du vent, il pourra sembler préférable de stopper et de venir au vent sur son air, pour amener l'embarcation. Au contraire, si le navire est rangé à la route précédente ou au plus près du vent, et que la mer soit grosse, on jugera sans doute qu'il vaut mieux avant tout se mettre dans la possibilité d'amener le canot à l'abri de la lame; et dans cette circonstance on devra, en même temps qu'on stoppera, établir les voiles goëlettes pour appuyer le navire contre les mouvements de roulis.

Si l'allure est celle du grand largue, la machine sera stoppée et on rangera le navire au plus près du vent sur son air pour pouvoir mettre l'embarcation à la mer.

Dans tous les cas, dès que le canot aura quitté le bord, le navire mettra en marche pour se diriger vers l'endroit où l'homme est tombé et se placer ainsi en position d'être rejoint facilement.

327. Comment doit-on employer les voiles et la vapeur dans le cours ordinaire d'une traversée?

Par calme ou faible brise, le bâtiment à vapeur peut réaliser une grande économie de combustible en employant la détente, ou en n'allumant qu'une partie de ses chaudières (1). Le nombre des révolutions du propulseur est alors presque le même que lorsque la

(1) La pratique a récemment conduit à préférer l'allumage de tous les feux et l'augmentation de la détente à la réduction du nombre des chaudières allumées et à une détente moins grande. Dans le premier cas, la quantité de vapeur à dépenser est produite par la combustion lente du charbon dans les foyers; condition très-favorable à l'économie de charbon, et la pression se maintient assez élevée pour qu'une détente prolongée soit efficace; tandis que dans le second cas, la combustion doit être activée presque proportionnellement à la diminution du nombre des feux. Le travail fréquent du fourneau fait perdre une partie notable de la chaleur développée par le combustible, et la pression ne peut monter, quoi qu'on fasse, jusqu'au point où elle est le plus favorable à l'économie par la détente.

vapeur est introduite à plein cylindre, et la vitesse n'éprouve qu'une très-faible diminution.

Si la brise est debout, quelque faible qu'elle soit, il faut brasser les vergues en pointe et débarrasser le gréement de tous les objets qui, par leur surface, offrent une certaine prise au vent. Plus tard, si elle fraîchit, on envoie en bas les vergues hautes et, sur un navire à roues, on réduit la mâture en proportion de l'accroissement du vent. La manière de gouverner doit être l'objet d'un grande surveillance de la part de l'officier de quart. Toute embardée est nuisible à la vitesse parce qu'elle a pour effet de présenter le navire obliquement à la lame, et de créer ainsi sur l'une des joues un surcroît de résistance qui détruit l'équilibre.

Dès que la brise souffle à quatre quarts de l'avant, il est possible d'en tirer avantage. On établit alors d'abord le foc, puis les autres voiles goëlettes. Dans tous les cas, l'action des voiles de l'avant doit faire équilibre à celle des voiles de l'arrière; c'est-à-dire qu'il faut gouverner en route, la barre droite. S'il n'en peut être ainsi, il vaut mieux carguer partout.

Lorsque le vent vient du travers, on mollit les écoutes convenablement, de manière à n'avoir à exiger aucun effort de la barre pour maintenir le navire à la route donnée, et si la bande donne plus d'action à la roue de sous le vent qu'à celle du vent, on borde plat le foc, ou même on le traverse pour faire obstacle à l'auloffée. Les voiles ont ici l'avantage de maintenir le bâtiment en modérant les mouvements de roulis.

Quand le vent souffle sur l'arrière du travers, il peut procurer une vitesse égale et souvent supérieure à celle produite par l'appareil; aussi est-il nécessaire de bien apprécier sa force pour décider lequel des deux moteurs doit être employé: A l'aide du pennon ou de la fumée sortant de la cheminée, on peut comparer la vitesse du navire et la force du vent; si le pennon s'agite mollement, ou si la fumée n'est pas bien couchée par la brise à sa sortie de la cheminée, il devient inutile, peut-être même désavantageux, de faire de la toile; car, en raison de la rapidité du sillage, les voiles exercent un effort contraire à la marche. La brise qui ne procurerait pas au navire une vitesse supérieure à trois nœuds, à l'aide de ses voiles seules, lui deviendrait nuisible s'il naviguait à la vapeur.

Lorsqu'une vitesse suffisante peut être obtenue en naviguant à la voile seulement, le navire à roues diminue la résistance que son propulseur offre au sillage en démontant les aubes de la demi-circonférence inférieure, ou en affolant les roues si le genre de la machine le permet. Quel que soit le travail à exécuter dans les roues, il faut mettre en panne, bosser les roues sur l'avant et sur l'arrière, et, lorsque la machine n'est que stoppée, prendre toutes les précautions de nature à assurer qu'aucune cause étrangère ne la mettra en mouvement.

Dès que la direction du vent le permet, le navire à hélice se réduit au rôle de navire à voiles en remontant son propulseur, ou seulement en le désembrayant.

328. Quelles modifications peuvent subir les recommandations précédentes lorsqu'il s'agit d'effectuer une traversée avec célérité ?

Le navire appelé à accomplir des traversées à jour fixe doit se résoudre souvent à une consommation de charbon, sinon inutile, du moins peu profitable. Son moteur mécanique devant toujours fonctionner avec sa puissance entière, ce n'est guère qu'à l'approche du point d'arrivée qu'il peut songer à diminuer l'action de la machine dans la prévision d'une arrivée au jour dit.

Abstraction faite des causes extérieures qui, agissant sur la coque et la mâture, sont de nature à donner à l'une des roues plus d'immersion qu'à l'autre, on doit s'attacher à maintenir le navire droit en prenant simultanément à tribord et à bâbord le combustible à consommer. La bande est préjudiciable à la vitesse, en même temps qu'à la bonne direction de la route, parce que la roue de sous le vent exerce alors un effort plus considérable, et que pour maintenir le navire au même cap il est nécessaire de donner au gouvernail une certaine obliquité de laquelle résulte une diminution du sillage.

Dans le courant de la traversée, si les vents suffisent seuls à donner la vitesse voulue, il peut se dispenser d'adjoindre aux voiles le propulseur mécanique; mais il ne lui est pas permis, comme au navire dont la durée de traversée n'est pas réglée, d'éteindre ses feux; l'économie n'est donc que relative.

329. Comment doit-on diriger la consommation du combustible, soit que la longueur de la traversée y contraigne, soit qu'on se propose l'économie?

Le degré de consommation du combustible requiert au plus haut point l'attention et la sollicitude du capitaine d'un bâtiment à vapeur. L'emploi raisonnable et judicieux de la vapeur permet non-seulement de réaliser une économie importante, mais offre aussi la possibilité de parcourir un plus long chemin, ou de parer aux éventualités résultantes d'un retard inaccoutumé occasionné par un temps contraire.

Si le bâtiment à hélice naviguant sous voiles et vapeur constate que le recul du propulseur (1) est plus grand que les trente centièmes de la vitesse, il vaut mieux alors se servir uniquement de la voilure, parce que la machine dépense inutilement une grande partie de sa puissance à maintenir cette vitesse, et qu'il en résulte une consommation inutile de charbon. D'un autre côté, si le propulseur marche moins vite que le bâtiment (2), il devient obstacle à son tour.

(1) On entend par *recul* la différence entre l'espace réellement parcouru dans l'eau par l'hélice et le chemin parcouru par le navire : c'est-à-dire entre la longueur du pas de l'hélice multipliée par le nombre de tours de l'hélice et le chemin parcouru par le navire. Ainsi, en disant que le recul est de 0.3, on exprime que par chaque tour d'hélice le navire avance des 0.7 de la longueur du pas.

(2) Le recul est dit *négatif* lorsque la vitesse du bâtiment est plus grande que ne serait celle de l'hélice mue dans un corps solide. Voici comment on explique ce phénomène : Les façons d'un bâtiment devraient être telles que la perturbation de l'eau causée par sa marche affectât à peine sa condition de repos relatif ; mais dans les navires où se produit le recul négatif, les façons de l'arrière sont si peu propres à faciliter le rapprochement des eaux, qu'il se forme derrière le bâtiment une grande masse d'eau inerte qui, suivant le navire et pour ainsi dire à sa remorque, forme un courant opposé et crée par conséquent une nouvelle résistance à l'action de l'hélice. Ceci semble devoir neutraliser l'effet du recul, car tandis que pour vaincre la nouvelle résistance, l'hélice continue à tourner dans cette masse d'eau, le bâtiment qui s'avance dans une eau tranquille (relativement à son propre mouvement) a une vitesse plus grande que celle du propulseur. On ne peut admettre que la puissance de la machine soit utilisée dans ce cas avec économie, car pour remorquer cette masse d'eau inerte contre laquelle l'hélice est forcée d'exercer un redoublement d'effort, on dépense plus de force qu'on n'en gagne ensuite par l'effet de l'hélice. Ainsi, en supposant que la vitesse du propulseur dans cette eau morte soit égale à celle qu'il aurait en tournant dans un corps solide et s'élève à dix nœuds, et qu'elle ait à vaincre la résistance d'un courant ayant une vitesse de trois nœuds, la vitesse réelle de l'hélice sera de treize nœuds, et il n'y aura rien d'étonnant qu'en pareil cas la vitesse réelle du bâtiment dépasse la vitesse apparente de l'hélice d'un nœud environ par heure. Les anomalies de ce genre se produisent principalement sur les bâtiments à hélice à machine auxiliaire, et il arrive souvent que le navire, après avoir atteint une grande vitesse avec les voiles seules, continue à recevoir de l'aide de la part du propulseur, bien que la vitesse de celui-ci puisse ne pas être égale à celle du navire.

(Robert Murray, *Traité élémentaire de la machine marine.*)

On apprécie cet état de choses en constatant les vitesses au moyen du loch jeté d'abord lorsque les voiles et le propulseur fonctionnent ensemble, puis jeté de nouveau lorsque les voiles agissent seules, après que la machine a été stoppée momentanément.

La théorie et l'expérience sont d'accord pour prouver qu'un bâtiment, dans des circonstances ordinaires de temps, peut faire une plus longue route à la vapeur avec une quantité donnée de charbon, en se servant seulement d'une fraction de sa puissance que s'il avait marché à toute vitesse. Théoriquement parlant, moins la vitesse du navire est grande, plus l'économie de combustible est considérable, pourvu toutefois qu'aucune vapeur ne s'échappe par la soupape de sûreté, ou ne soit dépensée d'une autre manière; mais si la marche est contrariée par les vents ou les courants, le moteur mécanique doit développer la puissance suffisante, non-seulement pour maintenir le navire en position, mais encore pour le porter en avant, si c'est possible.

C'est ainsi que lorsqu'il s'agit de remonter le courant d'une rivière ou un lit de marée, on trouve que la puissance est appliquée très-économiquement quand le bâtiment marche moitié plus vite que le courant; c'est-à-dire qu'en supposant un courant de quatre nœuds, le navire ne doit pas avoir moins de six nœuds de vitesse.

Les prescriptions précédentes résultent de la loi physique suivante : les résistances d'un même corps qui se meut dans un liquide avec différentes vitesses sont proportionnelles aux carrés de ces vitesses. D'où il suit que la puissance développée pour déplacer le navire varie comme le cube de la vitesse.

Cette loi va nous faire voir qu'une économie notable de combustible n'entraîne qu'une faible diminution de la vitesse.

Supposons, par exemple, qu'un bâtiment de 350 chevaux marche à une vitesse de 11 nœuds avec une consommation de 40 tonneaux de charbon par jour; si nous nous proposons de trouver la vitesse correspondante à une consommation journalière de 30 tonneaux, nous poserons la proportion suivante :

$$40 : 30 :: 11^3 : V^3;$$

Résolvant la proportion, nous aurons pour valeur de V, $9^n,98$, soit 10 nœuds.

Ainsi en diminuant la puissance en chevaux ou la consommation du combustible d'un quart, on ne perd guère qu'un nœud par heure en vitesse.

Cette économie est tout à fait indépendante de celle résultant de la détente qui peut être très-considérable dans les grandes machines à basse pression.

La loi citée plus haut permet d'établir une relation entre la consommation du charbon, la longueur du voyage, et la vitesse du navire; on en déduit, en effet, que la quantité de combustible brûlé varie en raison du carré de la vitesse multiplié par la distance parcourue.

Supposons donc qu'ayant consommé 175 tonneaux de charbon pendant la durée d'un voyage de 1200 milles accompli avec une vitesse moyenne de 10 nœuds, on désire déterminer la consommation nécessaire à un parcours de 1,600 milles à une vitesse réduite de 8 nœuds. Le calcul à faire sera le suivant :

$$10^2 \times 1200 : 8^2 \times 1600 :: 175 : x.$$

La recherche du quatrième terme de la proportion donne pour valeur de x 149 tonneaux et une fraction.

Pareillement, si l'on désire connaître à quel degré de vitesse le bâtiment doit marcher pour que sa consommation, pendant un voyage de 1600 milles, n'excède pas sa consommation antérieure de 175 tonneaux pendant un trajet de 1200 milles effectué à raison de 10 nœuds par heure, on posera la proposition :

$$175 : 175 :: 10^2 \times 1200 : V^2 \times 1600.$$

D'où l'on tire $V = 8^{n},7$.

Ces exemples sont de nature à faire ressortir l'économie qui résulte d'une diminution de la vitesse, et quoique pour certaines catégories de bâtiments la perte de temps présente un désavantage trop sérieux pour admettre une réduction permanente de vitesse, il en est d'autres qui, n'étant pas obligés, par la nature de leurs missions ou de leurs opérations, d'arriver à jour fixe, peuvent retirer un grand bénéfice d'une consommation bien entendue du combustible, ou se donner la possibilité d'accomplir une traversée de plus longue durée.

Les considérations que nous venons d'exposer sont générales pour tous les navires, abstraction faite de leurs formes de carène et des configurations de leurs lignes d'eau ; mais nous devons cependant faire remarquer que le bâtiment qui, à cause de sa finesse, s'élève facilement sur la lame et divise le liquide sans chocs brusques ni sans trop de résistance, se trouve, par la nature même de sa construction, dans le cas de consommer moins de vapeur, et, par conséquent, d'économiser plus de combustible qu'un navire à formes rondes, parce que la lame ne lui faisant pas obstacle brusquement, sa machine travaille avec un mouvement uniforme.

330. Comment convient-il d'agir avec un bâtiment à roues et un bâtiment à hélice, lorsque le vent est contraire?

Par brise fraîche debout, le navire à roues doit développer toute la puissance de son appareil, et faire route directement contre l'obstacle. Il ne peut, en pareil cas, songer à l'emploi de la vapeur en détente, parce que la diminution d'action du moteur deviendrait plus forte que l'économie de combustible qui en résulterait. Ainsi, par exemple, la détente aux cinquante centièmes de la course du piston qui, en calme, diminue la vitesse du navire d'un quart environ et réduit de moitié la dépense du combustible, avec vent debout permettrait à peine au navire d'étaler, ou ne lui donnerait qu'une très-petite vitesse. Disons donc que si la violence du vent et la grosseur de la mer rendent la lutte inutile, si par conséquent la machine n'est pas assez puissante pour faire gagner au vent, il vaut mieux renoncer à de vaines tentatives qui font brûler du charbon en pure perte, et se décider sans hésitation à prendre le plus près avec voiles et machine. A cette allure, le bâtiment peut s'élever au vent, et éprouve moins de fatigue qu'en marchant perpendiculairement à la lame.

Le navire est alors en cape. Les meilleures voiles, en pareille circonstance, sont le petit foc, l'artimon, et le foc d'artimon avec deux ou trois ris; la machine marche à petite vitesse; et la roue de sous le vent, la seule qui travaille, agit concurremment avec les voiles de l'arrière. Il en résulte que le navire est maintenu au vent sans une grande action de la part du gouvernail, que l'on soustrait ainsi aux chocs et aux secousses qui sont la conséquence d'une obliquité trop grande.

L'hélice tourne à peu près aussi vite, soit que le navire s'avance sans obstacle, soit qu'il trouve arrêt dans sa marche; elle n'est donc pas économique lorsqu'il faut lutter contre une brise fraîche, car la consommation est tout aussi réelle dans le cas où le bâtiment ne fait que tanguer à la lame que dans celui où il s'élève au vent avec avantage. Par conséquent, il est d'un intérêt bien entendu que le navire à hélice, appelé par la nature de son service à suivre toujours une route directe, soit pourvu d'une machine puissante qui lui permette de ne pas dépenser sans profit, dans une lutte inutile, un combustible toujours cher et souvent précieux.

Si l'appareil moteur est de faible puissance, on ne doit pas s'obstiner à vouloir gagner dans le vent par un chemin direct. On brûlerait inutilement du charbon pour faire tourner l'hélice dans une eau qui, déjà en mouvement, ne lui offrirait plus de résistance. Le mieux, en pareil cas, est de prendre le plus près sous les voiles goëlettes et les focs, en faisant marcher la machine à petite vitesse. De cette manière, le navire porte à quatre ou cinq quarts du vent, dérive peu parce que son hélice lui donne de la vitesse, et, à moins d'un temps forcé, gagne d'une manière notable.

Si le temps devient mauvais, le bâtiment laisse tomber ses feux pour ne pas brûler inutilement son charbon et prend la cape. Il est cependant des circonstances, telles que la nécessité de ne pas s'éloigner d'un lieu de rendez-vous, ou la proximité d'une côte sous le vent, qui peuvent imposer l'obligation de tenir toujours la machine en action.

331. Comment convient-il d'agir avec un bâtiment à roues et avec un bâtiment à hélice lorsque le vent souffle frais de l'arrière?

Le navire à roues poussé par une brise très-fraîche, à l'allure du largue ou du grand largue, laisse tomber ses feux et se sert uniquement de ses voiles. Si l'état de la mer ne permet pas de démonter les aubes, on fait marcher la machine à une très-grande détente, ou bien on éteint les feux pour laisser tourner le propulseur sous l'action du sillage. La machine est alors mise en communication avec une chaudière ouverte à l'air libre, lequel est distribué par les tiroirs dans les cylindres, puis évacué au condenseur, tout comme la vapeur.

Lorsque le vent est de l'arrière et que sa violence est extrême, il est désirable que le navire à vapeur ne fasse pas usage de son moteur mécanique, et se réduise au rôle de bâtiment à voiles en agissant comme nous l'avons dit dans la première partie du Manuel. Mais si une circonstance forcée ou un motif particulier oblige à ne pas suspendre complétement l'action de la machine, on doit éviter de fuir vent arrière, mais venir alternativement sur un bord et sur l'autre, du même nombre de quarts et pendant un temps égal, de manière à ce que chaque route compense successivement l'écart de la précédente par rapport à la direction réelle. On se rend aisément compte des motifs qui doivent déterminer à agir ainsi; en effet, le navire courant vent arrière est soumis à des mouvements de roulis excessifs desquels il résulte que l'une des roues est entièrement plongée dans l'eau, lorsque l'autre tourne sans éprouver de résistance; de plus, les diverses pièces de liaison du bâtiment fatiguent et éprouvent un certain jeu qu'elles transmettent aux bâtis et pièces principales de la machine dont la limite de flexion est plus faible que celle que subit le navire; de là des dénivellements et souvent des ruptures. Il est donc urgent d'appuyer le bâtiment pour modérer ses mouvements de roulis et obtenir une immersion à peu près égale des roues.

Quand le bâtiment fuit devant la lame et que son moteur doit fonctionner, on peut laisser tourner la machine sous l'action du sillage, ainsi que nous l'avons dit tout à l'heure, ou bien employer la vapeur; mais alors il est essentiel de ne s'en servir qu'avec modération, en ouvrant très-peu les registres et supprimant complétement la détente. En effet, les mouvements de roulis ne sont pas les seuls à considérer, il faut aussi prendre garde à ce qui se produit dans le sens de la longueur. Quelquefois les deux roues sont plongées dans une grande masse d'eau qu'elles remuent avec peine; l'instant d'après, elles se trouvent dans le creux de la lame et tournent sans résistance; on ne peut donc songer à employer la détente, puisque son mécanisme consistant à supprimer complétement l'introduction de la vapeur dans le cylindre à une certaine fraction de la course du piston, cette vapeur peut n'agir que par expansion au moment où les roues sont noyées, et par cela même n'avoir pas la puissance nécessaire pour vaincre la résistance qu'elles rencontrent momentanément; ou bien, exercer toute son action sur le piston au moment où les roues hors de l'eau tournent sans obstacle, entraînant violemment la machine qui ébranle ses articulations, et même tout son système.

Le bâtiment à hélice, poussé par un bon vent frais, renonce plus tôt que le navire à voiles à l'emploi du moteur mécanique, et n'est jamais empêché par le mauvais temps de désembrayer son propulseur. Cette opération ne deviendrait impossible qu'au petit navire qui se serait laissé surprendre et dont l'hélice se trouverait alternativement immergée et émergée; mais dans la plupart des cas, le bâtiment pourra faire vent arrière comme le navire à voiles. Dans cette circonstance, l'hélice, toujours immergée (à bord des grands navires, du moins) fonctionnera généralement d'une manière régulière; cependant, comme par une mer très-grosse elle pourra éprouver quelques soubresauts, surtout si elle est à deux branches, il sera toujours nécessaire de régler l'introduction constante de la vapeur au moyen du registre.

APPAREILLAGE. — MOUILLAGE. — ÉCHOUAGE.

332. De combien de temps le moment de l'allumage des feux doit-il précéder celui de l'appareillage?

L'allumage des feux doit être fait trois quarts d'heure, en moyenne, avant le moment où l'on aura besoin de la machine. Mais, diverses circonstances pouvant obliger à modifier cette période de temps, il est nécessaire d'en tenir compte et, pour cela, de se reporter à la question : Temps nécessaire aux bâtiments à vapeur pour être prêts à marcher.

333. La machine ne peut-elle pas être utilisée pour virer et déraper?

Lorsque la longueur de la touée est considérable, quelques tours du propulseur suffisant à porter le bâtiment de l'avant permettent ainsi d'activer la rentrée de la chaîne. Mais c'est surtout au moment où le navire est à pic de son ancre que la machine peut être d'un bon secours pour aider à déraper. Dans cette circonstance, il est recommandé de n'user de l'appareil qu'avec discernement, et de ne l'employer que comme auxiliaire. C'est par le cabestan que l'ancre doit être dérapée ; la machine est seulement destinée à venir en aide aux hommes qui agissent sur les barres.

On se rend compte facilement des motifs qui prescrivent d'agir avec prudence. En effet, si la machine est gardée trop longtemps en action, le navire en acquiert de la vitesse ; il en résulte donc qu'au moment où il fait tête sur sa chaîne, un effort violent s'exerce sur elle et que cette traction a pour effet de faire dériver le cabestan. Les accidents les plus sérieux peuvent dès lors être la conséquence de l'emploi irrationnel de l'appareil moteur, si les linguets, par suite de leur usure, n'offrent pas une sécurité complète, ou si l'on néglige de prendre, relativement à la chaîne et au cabestan, toutes les précautions recommandées en pareil cas. Une vitesse trop considérable peut aussi occasionner la rupture de l'ancre, car elle a pour effet de faire appeler la chaîne obliquement de dessous le navire, et le choc qui en résulte pour l'ancre, encore mordue au fond, rebrousse sa patte qui casse à la secousse.

La machine peut donc être employée utilement pour déraper, mais à la condition de ne s'en servir qu'avec modération, et de la faire agir doucement et sans choc.

334. Comment un bâtiment à vapeur doit-il appareiller d'un port?

Le navire à roues n'obéit à son gouvernail que lorsqu'il a acquis un peu d'air par l'action de sa machine ; il lui est donc souvent fort difficile, sinon impossible, de se présenter dans la direction de sortie à l'aide du moteur à vapeur et de la barre seuls, lorsqu'il est amarré dans un port encombré. Son évitage doit alors s'opérer au moyen d'amarres disposées de manière à produire l'abattée sur le bord voulu, et dont on favorise l'action à l'aide de la machine mise en avant ou en arrière, suivant les circonstances. Ainsi, le navire devant abattre sur tribord, et ayant à sa disposition, ou à sa portée, des points fixés situés de ce côté par le travers ou par la hanche, prendra son amarre par tribord devant, et, après l'avoir bien tendue à la main ou au vireveau, marchera en avant doucement; l'aussière ainsi maintenue roide appellera le navire vers le point fixe. Si, au contraire, l'amarre ne peut être assujettie que par bâbord, il faudra la prendre à bord par derrière et marcher en arrière pour qu'elle oblige, par sa résistance, l'avant du navire à venir sur tribord.

Ainsi encore, si nous supposons qu'un navire à roues qui vient d'entrer entre deux jetées rapprochées veuille s'éviter immédiatement cap pour cap pour se mettre en position de repartir, voici comment il doit procéder : S'il est accosté le côté de bâbord le long du quai ; virer sur une amarre frappée sur le quai du bord opposé par le travers, mettre la barre à bâbord. L'amarre ayant été roidie, la tourner, et faire machine en avant doucement. Le navire appelé par son amarre vient rondement sur tribord ; le gouvernail aide ce mouvement. Avant que le bâtiment soit trop rapproché du quai de tribord, stopper la machine, puis passer une amarre par tribord derrière et la frapper sur le quai de bâbord, sur l'arrière du navire. L'effort exercé sur ces deux amarres oblige à présenter le cap dans la direction de sortie. Cela fait, si on désire ramener le bâtiment au poste qu'il occupait d'abord, mais avec un évitage diamétralement opposé, on fait machine en arrière pour se donner un peu de champ, puis quand on juge avoir culé d'une longueur suffisante pour que le gouvernail puisse faire ressentir son action quand la marche aura été renversée, on fait machine en avant, gouvernant pour venir placer le navire à son premier poste, le long du quai.

Nous savons que le navire à hélice obéit à son gouvernail aussitôt que le propulseur mis en rotation projette de l'eau sur le safran (§ 308); il en résulte qu'un bâtiment de l'espèce peut effectuer de grandes abattées sans changer de place, et uniquement en pivotant sur son ancre ou sur son corps mort. Lors d'un appareillage, il n'est donc pas absolument nécessaire d'avoir recours à des faux bras pour se faire éviter; on parvient assez facilement à présenter le cap dans la direction voulue en marchant en avant doucement et mettant la barre du bord opposé à celui où on veut venir; puis on maintient le navire en direction, lorsqu'il a effectué l'arrivée nécessaire, au moyen de quelques tours du propulseur donnés à propos.

335. Comment un bâtiment à vapeur doit-il appareiller d'une rade, par calme, lorsque la direction de la route à suivre l'oblige de venir tout de suite sur un bord?

Le bâtiment à roues qui doit appareiller d'une rade par temps calme, et qui se trouve dans l'obligation de venir immédiatement sur un bord, est en quelque sorte dans la même position que le navire qui effectue son appareillage au milieu d'un port. Le calme lui interdisant de faire usage de ses voiles, il doit forcément, pour effectuer son abattée, avoir recours à des embarcations ou mieux encore à des amarres, si la proximité de points fixes convenablement placés lui permet d'en faire usage.

Lorsque la disposition des lieux offre la possibilité d'employer ce dernier moyen, la machine est mise en marche en avant ou en arrière, selon que l'amarre est prise à bord par devant ou par derrière, de manière à procurer au navire une certaine vitesse de laquelle résulte la tension de l'amarre, et, par suite, l'appel forcé de l'extrémité sur laquelle elle est frappée vers le point fixe du tournage. En se servant de la machine avec précaution, de manière à ne pas occasionner la rupture de l'amarre d'évitage, on peut ainsi effectuer, avec une grande facilité, des évitages à angle droit.

Le navire resserré entre des obstacles, qui néglige l'emploi de ce moyen, se trouve dans l'obligation de marcher en arrière pour prendre du tour, puis en avant lorsqu'il a suffisamment culé, et s'il ne parvient pas à se présenter dans la direction de sortie, il doit tenter la même manœuvre qui peut encore demeurer infructueuse et nécessiter un nouvel essai. Ces tentatives restent sans effort et ne peuvent avoir pour résultat que des avaries occasionnées par un abordage, puisque le navire à roues n'a pas la faculté de se diriger en culant dans une direction déterminée.

Nous avons dit dans la question précédente que le navire à hélice peut pivoter sur son ancre ou sur son corps mort et, par conséquent, se présenter dans la direction de sortie avant d'être libre de ses amarres. Faisons seulement remarquer ici que la longueur de chaîne sur laquelle on doit le faire tourner n'est pas indifférente ; elle doit être d'autant plus grande qu'on veut éviter promptement. On comprend, en effet, qu'un mouvement rapide d'abattée ne pouvant être produit que par une puissante action du gouvernail, il est nécessaire, pour la créer, d'accélérer le mouvement de rotation du propulseur, et que cette accélération est la source d'un accroissement de vitesse du navire qui, en le faisant forcer sur sa chaîne, l'expose à déraper son ancre.

336. Comment appareille-t-on sur une rade, avec de la brise?

En pareille circonstance, la voilure prête un puissant secours au navire à roues pour effectuer une prompte abattée, parce qu'elle lui permet de pivoter presque sur lui-même au lieu de l'obliger à une évolution qui exigerait beaucoup de place si elle était accomplie à l'aide de la machine seule.

S'il est indifférent d'abattre sur un bord ou sur l'autre, le foc suffit à produire le mouvement; mais, si des obstacles rapprochés de l'avant imposent l'obligation d'abattre avec la certitude de les éviter, il ne faut plus alors employer uniquement cette voile qu'un petit changement dans la direction de la brise peut faire prendre à contre, mais établir le petit hunier; la machine est mise en avant pour soutenir le bâtiment, qui peut ainsi appareiller sur place.

Si la position des dangers exige que l'appareillage se fasse en culant, il y a lieu encore de recourir à l'emploi des voiles, puisque le navire à roues, en général, n'a pas la certitude du bord sur lequel il abattra en marchant en arrière. La machine, mise en avant, soutient l'acculée.

Le navire, mouillé sur une rade ouverte, peut appareiller sans attendre que la vapeur ait acquis toute sa pression; mais s'il est obligé, dès son départ, de mettre en marche dans un passage difficile ou de s'éloigner d'une côte par mauvais temps, il ne doit quitter son mouillage que lorsqu'il a de la pression depuis quelque temps, parce que, sans cette précaution, la machine pourrait peut-être lui faire défaut au moment où il aurait besoin de toute sa puissance. La meilleure manière d'assurer le service de l'appareil consiste à le faire tourner un petit nombre de fois avant de quitter le mouillage pour l'échauffer complétement, et en même temps pour avoir toujours une bonne pression dans la chaudière. La quantité de tours à donner est déterminée d'après la force de la brise et la longueur de chaîne que le navire a dehors, afin d'éviter qu'un rappel trop brusque expose à déraper l'ancre ou à casser les bosses de la chaîne.

Le navire à hélice peut, tout comme le navire à roues, tirer parti de ses voiles pour faire son abattée; mais, dans la plupart des cas, leur emploi n'est aucunement nécessaire, parce qu'il peut obéir au gouvernail dès que son propulseur est mis en mouvement, et par conséquent pivoter sur place, quels que soient l'état de la mer et la force du vent. Les choses se passent donc comme si le navire appareillait de calme.

L'hélice faisant toujours venir sur le même bord en marchant en arrière (§ 308), il en résulte, ainsi que nous l'avons déjà dit, que lorsqu'il sera nécessaire d'abattre en culant, le propulseur aidera beaucoup l'abattée quand elle devra avoir lieu sur le bord où l'hélice oblige le navire à venir, et que, dans le cas contraire, il faudra opposer l'action des voiles à l'effet du propulseur.

337. Quelles sont les précautions que doit prendre le navire à vapeur en venant au mouillage?

Le navire parvenu à petite distance du lieu de son mouillage peut cesser, par économie, d'alimenter ses fourneaux, mais à la condition, toutefois, d'avoir de la vapeur en quantité suffisante pour exécuter, au cas échéant, toute manœuvre à laquelle obligerait la présence d'obstacles imprévus.

Les bouées qui se trouvent sur le chemin du navire, ou qui entourent le lieu du mouillage, doivent être évitées avec le plus grand soin; l'orin qui s'engagerait dans les aubes deviendrait très-difficile à dégager, et si, saisi par l'hélice, dans son mouvement de rotation, il arrivait à s'embobiner autour de son moyeu, il en résulterait indubitablement des avaries qu'une grande vitesse pourrait rendre très-graves. Nous croyons donc que le vapeur, qui donne la nuit dans un port qu'il ne connaît pas, doit laisser tomber l'ancre dans un lieu un peu éloigné du mouillage habituel des navires, ou bien attendre au large que la clarté du jour lui permette de venir prendre un poste convenable.

338. Quelle est la manière ordinaire de mouiller d'un bâtiment à vapeur, et comment doit-il venir prendre un corps mort, par calme ou avec de la brise?

En général, le navire à vapeur mouille avec un reste d'air pour éviter de surjaler, puis, après avoir fait tête sur son ancre, fait machine en arrière pour bien élonger la touée et assurer la tenue de l'ancre. Si les circonstances obligent de mouiller avec une certaine précipitation avant que la vitesse du navire soit considérablement réduite, il faut mettre toute la barre d'un bord pour effectuer un mouvement giratoire et éviter un rappel brusque qui pourrait occasionner la rupture de la chaîne.

S'il fait calme, le navire à roues, aussi bien que celui à hélice, prend son corps mort avec la plus grande facilité. Pour cela, il lui suffit d'envoyer une embarcation frapper le bout d'une aussière sur l'extrémité de la chaîne du corps mort, et de s'approcher assez de l'embarcation pour qu'un faux bras faisant ajust à l'aussière puisse lui être lancé ou donné à la main.

Les corps morts n'étant généralement établis que sur des rades fréquentées, l'évitage des bâtiments au mouillage indique au navire à vapeur la direction suivant laquelle il doit se présenter sur son corps mort. La manœuvre consistera donc à prendre d'avance le tour nécessaire de manière à se trouver rangé au même cap que les navires mouillés avant le moment où la proximité du corps mort obligera à stopper.

Si ces indications ne peuvent être fournies, le manœuvrier, privé de renseignements apparents, déterminera sa manœuvre d'après l'heure et la force de la marée du lieu, et suivant la force du vent. Il se présentera debout à l'obstacle qui offre la plus grande résistance à vaincre, et s'étant saisi du bout de l'amarre, en facilitera la rentrée à bord au moyen de la machine employée avec discernement. Si l'aussière est d'une grosseur maniable, on pourra, sur un bâtiment à batterie barbette, en embraquer tout le mou à la main, puis l'ayant bien bossée, la capeler au cabestan en la passant par-dessus la cloche, et la virer ensuite; mais à bord d'un bâtiment à batterie couverte, la disposition du cabestan ne permettant pas de procéder de la sorte, il sera préférable de garnir l'amarre dès qu'on aura dans la batterie le bout nécessaire pour l'opération.

Si le défaut d'espace ne donne pas la facilité de se présenter bien debout à une brise très-fraîche ou à une forte marée, il peut arriver que l'amarre ne résiste pas à l'effort du navire faisant tête, le mieux est alors de mouiller pour prendre ensuite le corps mort.

S'il résulte encore du défaut d'espace que le navire soit dans l'obligation de prendre son corps mort vent arrière, il exécute la manœuvre déjà décrite (§ 318), et parvient ainsi à garder l'immobilité et la direction nécessaires pour la réussite de l'opération.

Par brise fraîche, le succès de la manœuvre dépendra en grande partie de la possibilité de se maintenir en place sans dériver pendant le temps qu'on mettra à prendre les amarres; or, le navire mixte à hélice pouvant, en employant l'une des pannes décrites (§ 322, 323), garder une immobilité à peu près complète, il en résulte, pour le navire doté du propulseur sous-marin, la faculté de prendre son corps mort vent arrière ou vent debout, c'est-à-dire en faisant agir la machine à contre des voiles, et mettant, dans le premier cas, le vent dans le petit hunier, et, dans l'autre cas, le recevant sur le perroquet de fougue ou sur le grand hunier.

Il faut, dans l'une et l'autre circonstance, que le navire ait devant lui un certain espace libre pour venir se ranger dans la direction du vent, mais son évolution peut s'opérer suivant une courbe d'un rayon moindre que celle que parcourrait le bâtiment à roues placé en pareille position. Il arrive, en effet, qu'à un moment donné de l'évolution les voiles de l'arrière, dans le cas de la panne vent debout, et celles de l'avant dans le cas de la panne vent arrière, sont tout à fait pleines ou complétement masquées, et obligent par conséquent à augmenter l'action du propulseur. Ce surcroît d'effet ajoute à la puissance du gouvernail, et l'exécution du mouvement giratoire s'en trouve accélérée.

339. Comment un navire à vapeur affourche-t-il à l'aide de sa machine?

Le bâtiment à roues qui veut affourcher en allant de l'avant vient se placer dans la direction que ses deux ancres doivent occuper, et, après avoir mouillé la première, se dirige à l'aide de sa machine vers le point où il doit laisser tomber la seconde. Pour qu'il puisse se maintenir en route pendant qu'il parcourt cette distance, il est nécessaire que la chaîne n'exerce pas un effort trop direct et immédiat; on doit, par conséquent, conserver au navire une vitesse d'autant plus grande, que les causes de rappel sont nombreuses et puissantes; c'est ainsi que, mouillant par brise fraîche et par une petite profondeur d'eau qui donne à la chaîne une direction voisine de l'horizontale, il faut marcher avec une vitesse plus considérable que dans les autres circonstances; puis, ayant filé deux fois la longueur de touée à laisser dehors, on stoppe en mettant la barre toute d'un bord pour ne pas faire tête directement sur la chaîne, et on laisse tomber la deuxième ancre.

L'affourchage en culant, que le désir d'épargner le doublage porte quelquefois à tenter, ne peut être convenablement exécuté que par calme. Avec de la brise, à moins de vent debout, on ne parvient pas à se maintenir en direction, parce que le gouvernail est sans action dans la marche en arrière.

S'il fait calme, le navire, ayant ralenti sa vitesse, vient se placer sur la ligne que les deux ancres doivent occuper, stoppe, et ne laisse tomber sa première ancre que lorsqu'il est bien étale, afin que la chaîne n'exerce aucun effort oblique pour le faire sortir de sa direction, pendant qu'il marche en arrière pour atteindre le point où il doit mouiller sa deuxième ancre.

Toute brise fraîche frappant le navire obliquement rendrait la manœuvre impraticable, en raison de l'impossibilité de pouvoir le ramener en direction par suite de l'appel de la chaîne.

Pour exécuter un affourchage, le navire à hélice a l'avantage sur le navire à voiles de pouvoir marcher vers tous les points de l'horizon, quelle que soit la direction du vent, et, mieux doté que le navire à roues, il possède une faculté qui le dispense de venir préalablement se placer sur la ligne de ses ancres. En effet, les propriétés de son propulseur lui fournissant la possibilité de gouverner sans air, il lui est facile de changer de direction sur place. Par conséquent, après avoir laissé tomber la première ancre, le complément de la manœuvre d'affourchage consiste à tourner de manière à présenter le cap dans la direction convenable pour aller mouiller la deuxième ancre, puis de filer de la chaîne en quantité suffisante pour atteindre le point où cette ancre doit être abandonnée.

Le navire à hélice ne doit pas affourcher en culant. Nous savons en effet que lorsque le bâtiment marche de l'arrière, le propulseur fait toujours venir du bord du pas de l'hélice. Il résulte de cette particularité que la manœuvre est impraticable de calme et que, pour élonger une chaîne dans une direction voulue, il faut des circonstances spéciales, permettant l'établissement de certaines voiles à l'aide desquelles il soit possible de contre-balancer l'effort latéral du propulseur, pour arriver à maintenir le navire en bonne direction.

340. Quels sont les moyens auxquels un bâtiment à vapeur peut avoir recours pour parvenir à se rendre maître d'une voie d'eau ?

Les voies d'eau d'un navire à vapeur peuvent provenir des mêmes causes que celles d'un bâtiment à voiles, et résulter en outre des nombreuses ouvertures pratiquées dans la carène pour les besoins de la machine. L'appareil mécanique offre, en pareil cas, de précieuses ressources pour l'épuisement de l'eau.

Si la voie d'eau est de peu d'importance, il peut suffire pour l'épuiser de mettre en jeu les pompes à bras et de cale, ainsi que le petit cheval. Mais si l'action de ces diverses machines agissant ensemble n'est pas assez puissante pour faire baisser le niveau de l'eau d'une manière sensible, il faut se servir de l'eau qui entre dans la cale pour condenser la vapeur. Dans ce but, on ferme le robinet d'injection ordinaire, et on ouvre l'injection supplémentaire qui prend l'eau dans les fonds du navire. La pompe à air devient alors une puissante pompe d'épuisement, puisqu'elle rejette au dehors l'eau intérieure qui est entrée dans le condenseur par suite du vide existant dans cette capacité. Pour qu'elle puisse fonctionner sans entraves, il est nécessaire qu'on tienne les crépines du tuyau d'injection toujours bien dégagées des copeaux, morceaux d'étoupe ou autres corps étrangers susceptibles d'y entrer et d'être poussés par l'air dans la pompe à air dont elles engageraient les soupapes, de manière à empêcher l'extraction de l'eau contenue dans le condenseur.

341. La machine n'offre-t-elle pas les moyens de combattre un incendie?

Lors d'un incendie, lorsque les machines fonctionnent, on peut visser sur le couvercle de la pompe à air une manche en cuir disposée à cet effet et garnie d'une lance. Le piston de cette pompe, en refoulant l'eau du condenseur au dehors, la refoule en même temps dans la manche.

On peut, par ce moyen, diriger sur le foyer de l'incendie un secours tout aussi immédiat que celui fourni par les pompes ordinaires.

342. Quels sont les moyens qu'un bâtiment à vapeur échoué peut employer pour se remettre à flot?

Un navire à vapeur échoué emploie pour se remettre à flot les moyens qui ont été indiqués dans la première partie de ce Manuel, et trouve dans sa machine un secours puissant et efficace pour l'exécution et la promptitude des manœuvres à accomplir. S'il touche le fond sur une certaine longueur de sa quille, il est inutile de compter sur l'effet unique de l'appareil pour le remettre à flot; son action ne peut être efficace qu'à la condition d'agir concurremment avec le cabestan virant sur une ancre de bossoir, ou une grosse ancre à jet, promptement élongée dans la direction reconnue la plus favorable à la sortie. On vide la moitié des chaudières, au moins, pour alléger le navire, et on produit dans celles qui restent pleines la pression la plus élevée possible, afin de pouvoir marcher à toute vitesse pendant qu'on vire sur l'ancre mouillée au large.

Si le navire éprouve de violentes secousses, il est nécessaire de desserrer au plus vite les boulons qui lient la machine à la coque; l'oubli de cette précaution pourrait causer la rupture des bâtis et des arcades qui sont dépourvus de toute élasticité. Il peut aussi paraître convenable de le remplir d'eau pour le maintenir sur le fond, en attendant le moment de la marée favorable aux opérations du déséchouement. Nous avons dit, dans la partie relative au navire à voiles, quelles sont les conditions nécessaires pour employer ce moyen.

Si le navire résiste à l'effort exercé par la machine et par le cabestan, il est essentiel de l'alléger davantage, soit en débarquant les poids principaux de l'armement sur des chalands ou alléges fournis par un port à proximité du lieu d'échouage, soit en construisant, au moyen des vergues et mâts, un radeau sur lequel ces objets pourront être déposés momentanément.

343. Comment un bâtiment à vapeur doit-il s'employer pour remettre à flot un navire échoué?

Le bâtiment à vapeur appelé à remettre à flot un navire échoué vient mouiller dans la direction reconnue comme la plus favorable pour opérer le renflouement, élonge ses grelins au navire ou en reçoit les remorques, et vire sur ses ancres en même temps qu'il marche en avant. Pendant que le navire à vapeur agit de la sorte, le bâtiment échoué vire sur l'ancre qu'il a dû mouiller au large aussitôt après son échouage. Tel est le sommaire des opérations à exécuter, développons-le par quelques explications.

Dans la plupart des circonstances, un navire échoué sera remis à flot selon la direction qu'il suivait au moment où il a touché; cependant si les sondages exécutés aux alentours font reconnaître qu'il porte sur un haut fond par une partie de son flanc, tout en continuant à flotter par l'avant et par l'arrière, il pourra paraître plus avantageux de tenter de le retirer par le travers que par ses extrémités. Il faut, dans tous les cas, que le vapeur mouille à une distance telle que lorsqu'il sera à pic de son ancre, le navire puisse avoir l'espace nécessaire pour flotter dans toute sa longueur; de plus, il est indispensable que les longueurs de chaîne filées soient égales et considérables, afin que leur direction soit voisine de l'horizontale, et que l'effort exercé tende à rapprocher le vapeur de ses ancres et non à les déraper. L'une des chaînes est virée au cabestan, l'autre est palanquée avec des caliornes.

Pour assurer la réussite de l'opération, il est de toute nécessité que le navire échoué vienne en aide aux efforts du vapeur, en virant sur l'ancre de bossoir qu'il a élongée dans la direction de la sortie. Si cette ancre a été mouillée convenablement par un bon fond, et si le vapeur agit également sur ses deux ancres, ces moyens pourront suffire, le plus souvent, pour remettre le navire à flot; cependant si leur emploi ne conduit pas à un résultat favorable, on devra tenter d'agir par secousses, et dans ce but filer une longueur égale de chaque chaîne en faisant machine en arrière pour se rapprocher du navire, puis marcher en avant à toute vitesse. Plusieurs chocs ainsi répétés pourront d'abord déterminer un léger déplacement et, à la longue, opérer le renflouage.

Si la voie d'eau résultant de l'échouage est considérable, on prendra les mesures convenables pour empêcher le navire de couler. Dans ce but, des chapelets de barriques vides bien bondées auront été assujetties à l'extérieur; d'autres futailles auront aussi été disposées dans les fonds à l'intérieur et saisies de manière à ne pouvoir, lorsque l'eau aura pénétré dans la cale, flotter librement et venir soulever les ponts et les panneaux.

MANŒUVRES A L'ANCRE.

344. Par un coup de vent au mouillage, quelles dispositions doit-on prendre quant à la machine?

Lorsqu'on prévoit un mauvais temps au mouillage, il est prudent de faire le plein des chaudières à petit niveau, afin d'avoir promptement de la pression, si les circonstances portent à allumer les feux. Le petit navire, dont le niveau normal de l'appareil évaporatoire est très-élevé au-dessus de la flottaison, y trouve un autre avantage : celui d'éviter que le déplacement d'un volume d'eau considérable dans les chaudières produise de plus grands mouvements de roulis et de tangage. A la mer, par mauvais temps, il agit aussi de la sorte pour éviter les mêmes conséquences.

345. Quel parti peut-on tirer de la machine dans un coup de vent?

Si, malgré l'emploi de tous les moyens connus pour empêcher le navire de chasser, on conserve des craintes sur sa tenue, il faut allumer les feux et, suivant les circonstances, produire de la pression le plus tôt possible (§ 311). Dès qu'elle est obtenue, on purge et on balance la machine, la tenant prête à toute manœuvre.

Doit-on mettre l'appareil en marche pour soulager les chaînes; faut-il, au contraire, s'abstenir de le faire, et réserver l'usage de la machine pour le cas de rupture des amarres du navire? Les marins sont, à cet égard, divisés d'opinion. Les uns, et c'est le plus grand nombre, se refusent à admettre qu'il y ait avantage à se servir de l'appareil pendant un coup de vent; les autres sont d'un avis contraire.

Chercher à diminuer l'effort exercé par le navire sur ses chaînes est

4

une manœuvre imprudente, disent les premiers, parce que, quelque lente que soit la marche de la machine, il arrive forcément que dans les moments d'accalmie relative, les chaînes ne conservent plus leur rigidité extrême, et que dès lors le navire embarde sur un bord ou sur l'autre, exerçant ainsi sur elles un choc plus dangereux qu'une tension continue. Chez plusieurs officiers, cette opinion est le résultat de l'expérience.

Les marins partisans de l'usage de la machine ont aussi pour eux la sanction des faits accomplis. Ils ont pu faire marcher l'appareil mécanique pendant plusieurs heures consécutives, sans avoir vu se produire les inconvénients signalés, sans avoir été obligés de stopper un seul instant.

Dans notre opinion, ce qui est exécutable par certains navires peut être impraticable pour d'autres. Le bâtiment à avant rond pourvu d'une machine faible relativement à sa coque peut se servir fructueusement de sa machine, tandis qu'un bâtiment à formes fines, son voisin au mouillage, est obligé par prudence de renoncer à son emploi. Tel navire marchera en avant sans grand inconvénient, si le vent est toujours de même force, mais devra par prudence garder son moteur au repos s'il souffle par rafales; mouillé par un petit fond avec une longue touée de chaîne dont la direction sera voisine de l'horizontale, il pourra tenter de mettre en marche, tandis que ce même navire mouillé par un grand brassiage devra bien se garder d'agir de la sorte.

L'état du temps et de la mer, l'espèce de navire, le genre de sa machine, sa puissance relativement au tonnage, les conditions dans lesquelles il est mouillé, constituent les données d'après lesquelles le capitaine juge s'il doit faire usage de son moteur où se borner à le tenir en état de fonctionner.

346. Un bâtiment à vapeur ne peut-il pas employer utilement sa machine pour élonger une ancre dans une direction donnée?

La machine permet au navire à vapeur de se porter dans le vent pour y mouiller une ancre, et lui fournit ainsi le moyen de ne pas se trouver plus sous-venté après avoir filé la chaîne de cette nouvelle ancre. Par de grands vents, le bâtiment à roues mouillé ne peut affourcher convenablement à l'aide de sa machine que lorsque la direction dans laquelle il doit mouiller sa deuxième ancre est peu éloignée de celle du vent, car il obéit trop lentement à l'action de son gouvernail pour se diriger à coup sûr dans une aire de vent trop éloignée de celle d'où le vent souffle, et encore faut-il qu'il file une grande quantité de sa première chaîne pour se délivrer d'une résistance qui le ferait dévier de sa route.

L'hélice ne présente pas les mêmes inconvénients que les roues à aubes. Son action sur le gouvernail est immédiate et donne la possibilité de se mettre en direction sans se déplacer beaucoup. A l'aide de ce propulseur, on peut donc non-seulement aller porter une ancre dans le vent, mais encore la mouiller dans une direction oblique par rapport à la première.

DES REMORQUES.

347. Les navires à roues ne sont-ils pas préférables à ceux à hélice pour le remorquage, et dans quelles conditions le remorqueur doit-il être placé pour bien utiliser son effort?

S'il s'agissait uniquement de savoir lequel des deux propulseurs, à puissance égale, sur navires de même tonnage, développe le plus de force, nous dirions que des expériences concluantes ont démontré que l'avantage est tout entier à l'hélice; mais la question du remorquage doit encore être envisagée sous le rapport de l'économie du combustible. Or, nous savons que l'hélice tourne toujours à peu près aussi vite, c'est-à-dire dépense presque autant de force, soit que le navire avance ou qu'il ne se déplace pas; au lieu que la roue tourne en quelque sorte proportionnellement à la vitesse, procurant ainsi moins de sillage, il est vrai, mais dépensant moins de charbon sans résultat utile. Il en résulte que pour un remorquage, de même que pour une navigation lointaine, l'hélice ne peut être considérée comme un propulseur économique, et qu'il y a tout lieu de lui préférer les roues, avec d'autant plus de raison qu'il est toujours possible de donner au navire remorqueur une machine très-puissante relativement à son tonnage.

Le remorqueur ayant à développer la puissance nécessaire pour se mouvoir et traîner le remorqué, ayant ainsi à vaincre la résistance offerte par les deux navires, il en résulte que la vitesse du piston de la machine diminue, et que, par conséquent, son effet utile est moindre puisqu'il est proportionnel au nombre de coups de piston. Le navire qui remorque est alors placé dans les conditions d'un navire surchargé; or, en pareille circonstance, la théorie indique que pour atténuer autant que possible la perte d'effet utile de la machine, il faut diminuer le levier défavorable des roues, c'est-à-dire remonter les aubes vers le centre de la roue; mais, dans la pratique, ce moyen est rarement mis en usage. Le bâtiment spécialement affecté à un service de remorquage à l'entrée et à la sortie des ports pouvant se maintenir dans un tirant d'eau à peu près normal, puisqu'il a toujours la facilité de remplacer le combustible consommé, n'y a jamais recours. Il n'est guère employé que lors d'un remorquage de longue durée; en pareil cas, le navire reporte les aubes au bout des rayons, lorsqu'en raison de l'allégement résultant du charbon brûlé, elles ne plongent plus suffisamment dans l'eau.

348. Qu'entend-on par remorque à couple et par remorque en arbalète?

Un navire à vapeur remorque un bâtiment à couple quand il est fixé bord à bord de ce navire, dont il est écarté au moyen d'arcs-boutants. Ce mode de remorquage n'est guère usité que sur les rivières sinueuses et pour conduire un bâtiment au feu. Le remorqueur est ainsi abrité des feux de l'ennemi par le remorqué.

Le remorquage en arbalète est celui qui consiste à prendre un ou plusieurs navires à la suite au moyen d'amarres.

349. N'existe-t-il pas un règlement relatif au remorquage?

Oui. Dans le but d'éviter les inconvénients et les accidents auxquels a souvent donné lieu le défaut d'entente préalable entre le capitaine d'un remorqueur et celui d'un navire remorqué, on a stipulé dans un règlement les devoirs réciproques du remorqueur et du remorqué. En voici les différents articles.

Article premier. — Le capitaine du bâtiment remorqué fait connaître à celui du remorqueur la direction où il veut être conduit. Le capitaine du remorqueur est chargé de la direction du groupe sous sa propre responsabilité.

Art. 2. — Le capitaine du remorqué peut, quand il le trouve convenable, modifier son premier projet; mais, si cette faculté lui est accordée en vue de lui laisser tous ses moyens d'action, particulièrement dans le combat, il doit en user toujours avec la plus grande modération.

Le capitaine du remorqueur fait gouverner d'après ses signaux le bâtiment remorqué et manœuvre les remorques; le remorqué largue les remorques quand il le juge convenable.

Art. 3. — Si plusieurs remorqueurs sont attelés les uns devant les autres, c'est celui de tête qui doit diriger le groupe.

Prendre les remorques en arbalète.

Art. 4. — Lorsqu'un bâtiment au mouillage devra être remorqué, il virera à long pic et fera connaître, par signaux, combien il lui reste de chaîne dehors; il disposera ensuite deux canots pour porter au remorqueur ses faux bras, qui devront avoir en tout au moins 150 brasses.

Art. 5. — Le remorqueur viendra se placer devant le bâtiment qui doit être remorqué et mouillera s'il n'est pas assuré de pouvoir rester, sans cette précaution, un temps suffisant à la même place; il filera ses remorques sur les faux bras du remorqué.

Art. 6. — Le remorqué, ayant amarré les remorques, hissera le pavillon jaune et se tiendra prêt à déraper dès que le remorqueur hissera le même pavillon. Pour indiquer qu'il s'occupe de déraper, il amènera à mi-mât le pavillon jaune, et quand son ancre ne touchera plus le fond, il le hissera en tête du mât une seconde fois.

Les pavillons jaunes seront amenés dès que le groupe fera route.

Art. 7. — Le remorqueur ne dérapera que lorsque le pavillon jaune aura été hissé une deuxième fois en tête du mât à bord du remorqué; il lèvera alors son ancre en marchant d'abord doucement et fera gouverner le groupe.

Art. 8. — Si la remorque doit être prise sous voiles, le remorqué réduira le plus possible son sillage, tout en restant gouvernant, et tiendra ses canots prêts à porter les faux bras.

Art. 9. — Si la remorque doit être donnée par un navire à hélice, il est préférable que le remorqué reste complétement sans vitesse, en dérivant cependant le moins possible.

Art. 10. — Le remorqueur passera au vent à petite distance du remorqué, en le prolongeant de l'arrière à l'avant avec une vitesse très-peu supérieure à la sienne; il appellera à lui les canots quand il le jugera convenable, filera ses remorques à la demande des faux bras; puis il attendra, pour faire route, que le remorqué ait hissé le pavillon jaune; alors il prendra la direction du groupe.

Art. 11. — Quand il s'agira de donner les remorques à un remorqueur déjà attelé et ne pouvant stopper pour une cause quelconque, on évitera de se servir des embarcations, et le nouveau remorqueur lancera à la main sur le pont du remorqué une ligne de sonde sur laquelle celui-ci frappera ses faux bras.

Art. 12. — Si plusieurs bâtiments doivent être attelés les uns devant les autres, ce sera toujours celui de devant qui fournira les remorques à celui de derrière ; ce dernier les enverra prendre avec des faux bras.

Art. 13. — Si un homme tombe à la mer d'un des navires du groupe, c'est le dernier de ceux-ci qui doit s'efforcer de le sauver, en n'hésitant pas même à larguer les remorques, pourvu que cette manœuvre n'offre pas de sérieux inconvénients.

Art. 14. — Lorsqu'un bâtiment à vapeur doit remorquer plusieurs bâtiments à voiles, il est préférable de les placer par ordre de dimension, c'est-à-dire le plus grand le premier, et le moindre le second.

Art. 15. — Si plusieurs vapeurs sont attelés à un vaisseau, il est préférable que le plus puissant soit le plus rapproché de ce vaisseau, et le plus faible en tête.

Art. 16. — Le remorqué aura toujours soin de ne pas courir sur les remorques ; il diminuera de voiles s'il s'aperçoit que les remorques ne travaillent pas ; en un mot, il doit toujours se laisser traîner.

Art. 17. — Les remorques auront la longueur voulue, pour que la distance entre les navires soit d'environ 60 brasses au plus ; le remorqueur les aura fourrées d'avance au portage des écubiers et de l'étrave du remorqué. Cette fourrure s'étendra depuis la quatorzième brasse jusqu'à la vingtième à partir de l'extrémité du grelin ; chacun des bouts de la remorque se terminera par un œil.

Art. 18. — Le remorqueur tiendra toujours une aussière aiguilletée sur les remorques, pour pouvoir au besoin en filer une plus grande quantité.

Art. 19. — Si, par une cause quelconque, le remorqueur est forcé de stopper sur-le-champ, il le fera connaître au remorqué, et il lancera vivement dans le vent pour éviter un abordage, et masquera s'il a des voiles.

Art. 20. — S'il faisait calme, ou que ce fût vent arrière, le remorqueur, obligé de stopper, viendra sur tribord, faisant signe au remorqué de venir sur bâbord.

Art. 21. — Si un incendie éclate à bord du remorqueur et qu'il ne puisse se rendre maître du feu, il larguera promptement les remorques pour s'éloigner ; ce dernier rentrera les remorques.

Mode de communication entre les remorqueurs et les remorqués.

Art. 22. — Les bâtiments attelés communiqueront au moyen de quatre fanaux pendant la nuit et de quatre ballons pendant le jour.

Art. 23. — Le remorqueur fait gouverner le remorqué au moyen d'un pavillon national placé du bord où l'on veut faire venir le remorqué. Ce pavillon sera remplacé la nuit par un fanal.

Art. 24. — Le dernier remorqué jette le loch et fait connaître le sillage en écrivant sur un tableau noir pendant le jour, et montrant la nuit un fanal à tribord pour indiquer les nœuds, et à bâbord pour les dixièmes. Ces fanaux seront élevés ou abaissés autant de fois qu'il y aura de nœuds ou de dixièmes.

Remorquage à couple.

Art. 25. — Lorsqu'un remorqueur prendra un navire à couple, la direction du groupe appartiendra au commandant du plus gros bâtiment.

Art. 26. — Le gouvernail du plus faible bâtiment sera amarré droit.

Art. 27. — Les amarres et les défenses seront fournies par le remorqué.

350. Quelle est l'installation qu'il convient de donner aux remorques?

Les aussières ayant, à diamètre égal, plus de force que les grelins, étant en outre plus maniables et plus commodes à tourner, conviendraient mieux à l'opération du remorquage, si l'on ne devait tenir compte que de la résistance et des convenances offertes par cette espèce de filin; mais les amarres d'un remorqueur, en raison de leur frottement, sont soumises à une usure si prompte, qu'on a préféré l'emploi des grelins, qui, par leur double commettage, perdent moins de force après l'altération d'un des torons.

Sur les bâtiments à roues, les remorques passent dans des chaumards pratiqués dans les élongis arrière des tambours, et, sur les navires à hélice, dans des écubiers percés sur les côtés. Les vaisseaux ont tant d'ouvertures latérales qu'il a été jugé inutile d'en pratiquer spécialement pour les remorques; certains sabords servent donc à cet usage; leur montant de l'arrière est garni d'un demi-rouleau en gayac ou autre bois dur, pour empêcher le filin de se couper sur des arêtes trop vives. De forts bittons servent au tournage des remorques; leur pied est généralement encastré dans un massif qui remplit l'intervalle existant entre deux baux consécutifs du pont inférieur avec lesquels il est chevillé solidement. Les amarres sont soutenues le long du bord et à l'arrière par des suspensoirs consistant en des anneaux de fer galvanisé estropés aux extrémités de bouts de filin d'autant plus longs qu'ils sont plus rapprochés de l'arrière, afin de pouvoir être filés dans une embardée si l'une des remorques appelle trop obliquement.

Les bâtiments à roues ont avantage à prendre les remorques par les côtés, parce que cette disposition leur permet, le cas échéant, d'augmenter d'une manière notable leur puissance d'évolution, généralement lente. Si des circonstances urgentes exigent impérieusement qu'on vienne promptement sur un bord, il leur suffit de mollir la remorque du bord opposé. En outre, ce mode de passage ne donne pas à craindre que la rupture des remorques à l'intérieur occasionne des blessures aux hommes qui se trouvent à leur proximité, ou des avaries à la roue du gouvernail.

Les navires à hélice ayant, en raison de la nature de leur propulseur, des évolutions plus faciles que les bâtiments à roues, ont plutôt motif de prendre les remorques par l'arrière, parce qu'elles sont ainsi moins exposées à s'engager dans l'hélice. Au contraire, si elles sont passées sur le côté et que le navire soit dans l'obligation de venir promptement sur un bord ou de culer, il en résulte que, malgré les suspensoirs, le mou donné à l'une d'elles ou aux deux est porté dans le plan de l'hélice, et que si celle-ci est en mouvement, elle les enroule autour de ses branches ou de son moyeu, et se brise ou se fausse.

Quoi qu'il en soit, nos navires de guerre à hélice ne sont pas disposés pour recevoir les remorques directement par l'arrière; les bâtiments destinés spécialement au service du remorquage ont seuls les installations nécessaires pour pouvoir les prendre de cette façon. Ces navires portent un peu sur l'arrière de leur milieu et dans leur plan longitudinal une forte bitte verticale garnie d'un ou plusieurs crochets en fer très-solides; les amarres sont terminées à leur extrémité par des œils que l'on y croche; elles sont soutenues dans leur parcours de la bitte au couronnement par un ou plusieurs cerceaux en fer garnis de paillets allant d'un bord à l'autre, et évitent ainsi tout ragage.

L'art. 17 du règlement détermine la longueur à donner aux remorques, ainsi que les endroits où elles doivent être fourrées. Dans une rade, si le temps est beau et la mer calme, les deux bâtiments peuvent se tenir à un tiers ou à un quart d'encablure l'un de l'autre pour être à même de tourner plus court; mais si la mer est grosse et la brise fraîche, il est indispensable d'observer les prescriptions établies, afin de ne pas donner des secousses trop fortes aux amarres; on ne conserve alors à bord que la longueur nécessaire pour changer les portages, si les paillets ou fourrures ne protégent plus le filin.

Lorsque le remorquage devra durer longtemps et avoir lieu dans des circonstances qui ne permettront pas toujours de mettre un canot à la mer pour effectuer le changement d'une amarre cassée, il sera bon d'établir d'un navire à l'autre un faux bras de communication pouvant servir à cet usage; ce faux bras passera par le milieu de l'arrière du remorqueur et dans une poulie sous le beaupré du remorqué. Il vaudra mieux le disposer de cette façon que le passer dans les écubiers des remorques, autour desquelles il pourrait s'enrouler.

351. Comment donne-t-on la remorque à un bâtiment au mouillage, par calme?

Le remorqueur doit fournir les remorques. Après les avoir passées dans les chaumards ou dans les écubiers latéraux, ainsi que dans les anneaux des suspensoirs, il en love le double sur la dunette ou à l'arrière du pont. Le remorqué envoie au remorqueur, au moyen d'embarcations, des faux bras qu'il a passés dans ses écubiers de l'avant, et sur les bouts desquels on frappe les amarres que le remorqué hale à bord jusqu'à ce qu'il ait assez de mou pour les tourner à ses bittes, et de manière que les fourrures mises en place par le remorqueur soient bien aux portages des écubiers et de l'étrave.

Pour éviter des tours entre les faux bras, il est bon que chacun d'eux soit porté par une embarcation. C'est au remorqué que le règlement confie cette opération, parce qu'il est toujours à même de hisser ses canots sans empêchement, au lieu que le remorqueur peut se trouver dans l'impossibilité de le faire, à cause de la présence des amarres au-dessous de ses porte-manteaux.

Par temps calme, le remorqueur se dispense de mouiller s'il est assuré de pouvoir rester à la même place le temps nécessaire pour élonger les remorques.

Navire à roues. — Sa manœuvre doit consister à venir se placer sur l'avant du remorqué, dans sa direction et à peu de distance; il stoppe sa machine de bonne heure pour ne pas trop s'éloigner du remorqué, auquel cas il serait obligé de marcher en arrière et dévierait nécessairement de sa direction, puisqu'il ne peut culer droit. La proximité de la côte ou le voisinage de quelques navires peut empêcher le remorqueur de venir se placer en bonne direction à l'aide de sa machine; le mieux qu'il ait à faire est alors de mouiller sur l'avant du remorqué et d'y envoyer amarrer des faux bras qu'il prend en belle, de manière à se faire éviter dans la direction convenable.

Navire à hélice. — Le navire à hélice doit, comme celui à roues, venir se placer à l'avant du remorqué et dans sa direction; une fois en pareille position, il peut, en raison des propriétés de son propulseur, redresser sa route sans changer de place et éviter ainsi l'obligation de mouiller, dans laquelle le bâtiment à roues se trouve quelquefois placé; mais il doit aussi, comme ce dernier, stopper de bonne heure pour ne pas avoir à marcher en arrière; car lorsqu'il cule, l'hélice l'entraîne toujours sur le même bord.

Il convient qu'un navire à roues ou à hélice destiné à remorquer soit toujours placé sur l'arrière du bâtiment auquel il doit aller donner ses amarres, parce qu'il lui est ainsi facile d'aller se mettre en bonne position; tandis que s'il se trouvait sur l'avant du navire à remorquer, il aurait à faire un grand tour avant de parvenir à se placer en direction.

352. Comment doit-on opérer pour donner la remorque à un bâtiment au mouillage, lorsqu'il y a de la brise?

Navire à roues. — Lorsqu'il vente, le remorqueur est inévitablement porté en travers et ne peut être maintenu dans la direction du remorqué qu'à l'aide de son gouvernail; or l'action de cette machine ne se faisant sentir que lorsque le navire a acquis un peu d'aire, il en résulte alors qu'il s'éloigne du remorqué et que la distance entre les deux bâtiments devient trop considérable. En supposant même que, malgré les mauvaises circonstances, le remorqueur ait pu se tenir en position le temps nécessaire pour élonger les remorques, il faut encore qu'il la conserve pendant que le remorqué travaille à déraper son ancre, car s'il n'y parvient pas, il tombe en travers sans pouvoir tirer parti de la machine pour redresser sa route, bridé qu'il est par les amarres et retenu par le remorqué dont l'ancre est encore au fond.

Pour ne pas s'exposer à manquer la manœuvre, le mieux est de mouiller. On laisse tomber l'ancre sur l'avant du navire à remorquer, dans sa direction, et à une distance telle qu'on s'en trouve convenablement éloigné après avoir filé la quantité de chaîne nécessaire pour assurer la tenue. Cela fait, on élonge les remorques et le remorqué dérape ensuite.

Navire à hélice. — Le navire à hélice n'éprouve pas la même difficulté que le navire à roues à exécuter cette manœuvre. Il peut venir se placer sur l'avant du bâtiment à remorquer à la distance convenable, et se maintenir dans cette position sans être obligé de mouiller. Il lui suffit pour cela de prendre la panne vent debout (§ 322).

On doit apporter une grande attention à conserver le navire debout au vent, et, par conséquent, corriger les abattées avec la barre; car si elles devenaient trop considérables, il faudrait mettre en marche pour rectifier la direction; obligation fâcheuse parce qu'elle aurait pour résultat d'augmenter la distance au remorqué, et de contraindre à faire le tour pour venir se replacer en bonne position.

353. Comment un bâtiment à vapeur donne-t-il la remorque à un navire sous voiles?

Le navire à remorquer met en panne. Le remorqueur se dirige vers lui, l'élonge à petite distance et vient se placer sur son avant. Il a stoppé sa machine de bonne heure, afin de ne pas être obligé de marcher plus tard en arrière pour se rapprocher du remorqué (§ 308), et continue son opération ainsi qu'il a été dit (§ 352).

Le remorqueur peut encore procéder de la manière suivante: Mettre le cap sur la hanche du vent du navire à remorquer et, à mesure qu'il s'en rapproche, venir au vent en diminuant la vitesse de la machine; gouverner de manière à élonger le navire à la distance de son bau et stopper lorsqu'il juge l'aire suffisante pour arriver à peu près étale par le travers des porte-haubans de misaine. Dans cette position, lancer au bâtiment à remorquer une ligne légère sur le bout de laquelle sont frappées les remorques; opération que le vent favorisera en raison de la position du remorqueur.

354. Comment doit-on donner une remorque quand l'état du temps ne permet pas de mettre les embarcations à la mer?

Le remorqueur et le navire à remorquer manœuvrent ainsi que nous l'avons dit dans la question précédente. Le remorqueur s'approche du navire autant que l'état de la mer le permet et, arrivé sur l'avant des porte-haubans de misaine, lance sur le gaillard d'avant un plomb de sonde estropé à l'extrémité d'une ligne légère. Plusieurs matelots, munis chacun d'une glène indépendante, sont placés à l'extérieur, prêts à la lancer au cas où l'homme spécialement chargé de cette opération viendrait à la manquer. Sur le bout de la ligne qu'on a pu faire parvenir au remorqué, on frappe les remorques elles-mêmes ou des faux bras auxquels elles font ajust.

Si les conventions réglées entre les deux navires établissent que le remorqueur se bornera à frapper ses grelins de remorque sur les faux bras qui lui auront été fournis par le remorqué, ce dernier navire devra préalablement les avoir passés dans ses écubiers.

L'état de la mer et la violence du vent rendent souvent l'exécution de cette manœuvre difficile et dangereuse à la fois; car il peut suffire d'un signal fait à contre au timonier, ou d'une inadvertance de la part de ce dernier, pour occasionner un abordage et des avaries.

Un moyen qui offre quelques chances d'éviter des accidents consiste, de la part du remorqueur, à venir se placer devant le navire à remorquer, un peu au vent, et à lui filer une bouée sur laquelle on a frappé le bout d'un faux bras. Cette bouée, abandonnée à la lame et au vent, vient s'arrêter sous le beaupré ou le long du remorqué, qui s'en saisit et se trouve ainsi en possession des remorques faisant ajust aux faux bras.

355. Quelles sont les précautions à prendre, lors d'un remorquage, au moment de la mise en marche?

On doit se garder, dès le premier moment de la mise en marche, de donner à la machine une vitesse capable de roidir instantanément les amarres; car le navire au repos offre une grande résistance, et vouloir la vaincre brusquement serait s'exposer à rompre les remorques et à blesser des hommes, si leur rupture avait lieu en dedans du bâtiment. Il faut donc mettre en marche doucement et, après avoir obtenu une tension approchée des amarres, stopper pour remettre en avant de nouveau, avant qu'elles aient repris tout leur mou. C'est alors qu'on juge de leur longueur réciproque et qu'on les égalise. Après que les remorques ont été tendues de la sorte, on peut sans danger mettre en route.

356. Comment le remorqueur qui se dirige vers l'entrée d'un port ayant un navire à la remorque doit-il manœuvrer pour en prendre un deuxième se rendant à la même destination?

Le remorqueur procède ainsi qu'il a été dit (§ 353). Le navire à remorquer doit réduire considérablement sa vitesse et avoir le soin de gouverner toujours dans la même direction. Il faut aussi qu'après s'être saisi de la ligne qui lui a été lancée du remorqueur, il hale vivement la remorque à bord, afin qu'on puisse remettre en marche avant que le premier navire ait dépassé le remorqueur; et pour éviter la production de ce fait, on doit filer la remorque de ce navire d'une quantité telle que sa distance au remorqueur soit un tiers plus grande que celle de l'autre navire, le groupe étant en marche. Cette différence de longueur des amarres permettra aux deux bâtiments de se tenir chacun dans une des hanches du remorqueur : le premier au vent, le deuxième sous le vent.

On ne peut pas dire d'une manière absolue que la plus grande longueur de remorque doive toujours être donnée au navire qui a été amarré le premier; car certaines circonstances peuvent obliger à agir différemment ; ainsi, par exemple, lorsque le port dans lequel les deux bâtiments vont entrer est peu profond, ou lorsque l'état de la marée donne à craindre un échouage, il faut que le navire exposé par son tirant d'eau à échouer le premier soit le plus éloigné du remorqueur pour éviter la possibilité d'un abordage entre les deux navires.

Le remorqueur doit avoir un faux bras à bord de chaque navire (§ 350) afin de pouvoir remplacer promptement une remorque cassée.

357. Quelles attentions doit-on apporter au régime de la machine pendant le remorquage?

Pendant la route, la marche de la machine doit être telle que les remorques soient toujours tendues; tout accroissement de la vitesse du remorqué qui aurait pour résultat de donner du mou dans les amarres pourrait occasionner les avaries les plus sérieuses et exposerait infailliblement à un abordage; le remorqué doit donc se laisser traîner et n'établir que les voiles qui peuvent l'aider à gouverner et à se maintenir dans les eaux du remorqueur. Dans la prévision de la rupture des remorques, le mécanicien doit être attentif à exécuter promptement les divers ordres adressés à la machine ; car un retard ou un défaut d'attention pourrait avoir de graves conséquences.

Si un échauffement dans certains organes de l'appareil nécessite l'arrêt de la machine, il ne faut pas stopper brusquement, mais ralentir la vitesse, en même temps qu'on avertit le remorqué de l'incident pour qu'il puisse exécuter les prescriptions contenues dans les articles 19 et 20, et éviter ainsi l'abordage.

Si les conditions dans lesquelles la machine se trouve placée nécessitent qu'on la stoppe immédiatement sans pouvoir en donner connaissance au préalable au remorqué, il faut alors filer les remorques ou même les couper, pour se soustraire au danger d'une rencontre imminente.

358. De quelle manière le remorqueur et le remorqué doivent-ils gouverner une fois en route, et comment opèrent-ils lorsqu'ils ont à effectuer un changement de route ou une évolution?

Aussitôt que les deux navires sont en route, le remorqué doit gouverner dans les eaux du remorqueur et ne pas s'écarter du chemin qu'il laisse tracé derrière lui. Il en est de même pendant la durée d'une évolution, ou lors d'un changement de route de plusieurs quarts; en pareil cas, le remorqué emploie sa barre à suivre le mouvement du remorqueur de manière à se tenir toujours dans sa houache en suivant exactement la route qu'il a parcourue; telle est la règle générale. Mais dans toute manœuvre de barre nécessitée par une évolution, il est extrêmement essentiel d'avoir égard aux masses et aux longueurs respectives des deux navires. Le plus court des deux doit user de son gouvernail avec modération pour donner le temps au navire plus long de décrire la même courbe que lui.

En effet, le petit remorqueur qui, traînant un gros navire, s'aviserait de vouloir tourner court, n'obtiendrait pas de l'amener instantanément dans la nouvelle direction; car le navire, en raison de la quantité de mouvement acquise à sa masse, continuerait à s'avancer en droite ligne sans tenir compte du changement de direction des amarres, sur lesquelles il pourrait forcer jusqu'à entraîner le remorqueur par le côté.

Il est nécessaire que le remorqueur, plus petit que le remorqué, se rappelle qu'il n'agit pas seul et règle en conséquence l'amplitude de son mouvement, d'après la longueur et la masse du navire qu'il a derrière lui. Il n'est pas moins indispensable que le remorqué tienne compte de ces mêmes relations; car, s'il est plus gros que le remorqueur, c'est à lui de favoriser et même de diriger l'évolution.

Le remorqueur plus grand que le remorqué manœuvre comme il le ferait isolément. Si les deux navires sont de même masse et de même longueur, ils usent également de leur barre.

Nous venons de dire qu'il appartient au remorqué, plus gros que son remorqueur, de favoriser l'évolution; cela signifie, qu'en supposant qu'on veuille tourner court, le remorqué doit agir par sa masse de manière à faire venir plus vite le remorqueur dans la nouvelle direction. Au début du mouvement, il vient donc du bord opposé au remorqueur, et redresse ensuite sa barre, ou en met moins que s'il était seul à accomplir l'évolution.

359. Les remorques ne peuvent-elles pas être utilisées pour accélérer une évolution?

S'il était possible de manier une remorque comme un simple faux bras, ou une aussière d'un petit diamètre, on faciliterait certainement une évolution en filant la remorque du bord opposé à celui sur lequel on veut venir, parce que l'arrière étant ainsi moins retenu, l'avant du navire décrirait avec plus d'aisance la courbe nécessaire; mais dans la pratique, la grosseur des filins et leur degré de tension ne permettent pas d'employer les remorques à cet usage. Ce ne serait qu'avec de très-grandes précautions qu'on pourrait filer de gros cordages quelquefois tendus presque horizontalement, et en supposant qu'on parvînt à le faire, il deviendrait très-difficile, l'évolution terminée, de les égaliser. Pour accomplir cette dernière opération, il faudrait nécessairement stopper; or les circonstances ne permettent pas toujours de l'entreprendre, et en admettant qu'elle soit réalisable, elle entraîne forcément une perte de temps.

Lorsqu'on veut tourner court, il est mieux, dans la plupart des cas, de faire agir la masse du remorqué sur le remorqueur, en manœuvrant la barre à cet effet (§ 358).

360. Comment doivent manœuvrer le remorqué et le remorqueur, lorsque celui-ci tombe en travers du remorqué en agissant pour donner la remorque, ou lorsque ce cas se produit pendant l'abordage?

Le remorqueur mouille et le remorqué file sa chaîne, ou ses amarres de bout, suivant la manière dont il est amarré, jusqu'à ce que le remorqueur ait fait tête sur sa chaîne. Si le navire n'est pas en position de pouvoir culer, le remorqueur évite de mouiller; il porte le bout d'une amarre dans le vent sur un coffre ou sur une bouée, et s'il ne se trouve pas de points fixes placés en direction convenable à la sortie, il envoie mouiller une ancre à jet sur laquelle il vire jusqu'à ce qu'il soit dégagé du navire qu'il doit remorquer. Cela fait, il établit bien ses remorques, marche doucement jusqu'à ce qu'elles aient acquis leur tension, et met ensuite en route.

Une fois en direction, il n'arrive au remorqueur de tomber en travers du remorqué que lorsque, plus petit que lui, il a voulu s'écarter considérablement et trop brusquement de la première route (§ 358). Nous avons dit comment le remorqueur doit agir pour éviter de se trouver en pareille position: mais il peut cependant arriver qu'un défaut de vigilance, ou une fausse manœuvre de barre, le fasse tomber en travers et même élonger le remorqué à contre. En pareil cas, le mieux à faire est de rendre aux deux navires leur liberté de mouvement. Le remorqué largue les remorques et se dégage à l'aide de ses voiles auriques; après quoi, le remorqueur rentre les amarres et manœuvre ensuite pour les donner de nouveau.

361. Ayant déjà un bâtiment à la remorque, comment en prendra-t-on successivement plusieurs autres?

Pour prendre un deuxième navire, le remorqueur doit opérer ainsi qu'il a été dit (§ 353). Il élonge également du bord du vent un troisième navire qu'il veut remorquer, et exécute sa manœuvre comme s'il avait un seul bâtiment à la traîne; en observant toutefois de filer le deuxième le plus de l'arrière pour conserver le premier et le troisième à égal éloignement de ses hanches, et ayant grand soin de ne pas croiser, ni engager les remorques en les tournant.

362. Quels soins faut-il donner aux remorques en général, et plus particulièrement pendant le gros temps; et que doit-on faire lorsqu'elles s'engagent ou qu'elles cassent?

Avant de faire route, les amarres sont égalisées et garnies de paillets. L'article 47 du règlement (§ 349) prescrit d'avoir les remorques fourrées au portage des écubiers et de l'étrave du remorqué sur une longueur de six brasses, depuis la quatorzième brasse jusqu'à la vingtième, à partir de l'extrémité du grelin.

Si, pendant un remorquage de longue durée, on juge nécessaire de rafraîchir les amarres, c'est au remorqueur de filer une petite quantité de chacune d'elles parce que le remorqué les a sur le bout, n'ayant pris à bord que la longueur nécessaire pour le tournage.

Pendant le gros temps, les deux navires naviguent assez écartés l'un de l'autre pour que les remorques ne puissent souffrir des chocs et des secousses imprimés par la mer, et pour qu'elles ne fassent pas sentir leur influence sur l'un ou l'autre des bâtiments, lorsque la grosseur des lames, en rendant le navire moins facile à gouverner, occasionne des embardées.

Si les remorques s'engagent, le remorqueur, les ayant fait larguer par le remorqué, s'éloigne un peu de la route primitive, vient debout au vent et rentre les amarres. Pendant ce temps, le remorqué établit quelques voiles pour rester gouvernant et ne pas trop s'écarter de la direction à suivre. Le remorqueur manœuvre ensuite pour donner de nouveau les remorques (§ 353).

Dans les circonstances ordinaires de la navigation, une remorque cassée se remplace au moyen du faux bras disposé en va-et-vient d'un navire à l'autre (§ 350). Le remorqué modère la marche de la machine pour ne pas exercer un trop grand effort sur la deuxième amarre.

Par mauvais temps et grosse mer, il faut, le plus souvent, larguer les remorques pour ne pas trop fatiguer le plus petit des deux bâtiments. Mais si des motifs impérieux obligent à ne pas laisser les deux navires indépendants et que la remorque casse, le remorqueur doit d'abord se déranger de la route, et venir debout au vent pour rentrer ses amarres. Le remorqué ramasse aussi les bouts restant à la traîne hors de ses écubiers et arrive ensuite jusqu'au vent arrière. Dès qu'il est rangé dans cette direction, le remorqueur manœuvre pour s'y placer lui-même et élonger le navire qui attend de nouvelles remorques, en prenant toutes les précautions recommandées par l'état du temps et de la mer. Celui-ci doit être très-attentif à ne pas dévier de la route, pour ne pas occasionner une fausse manœuvre au remorqueur.

La rupture des remorques peut avoir lieu dans un endroit où le défaut de place interdise la manœuvre que nous venons d'indiquer; dans une rivière, par exemple. En pareil cas, le remorqué doit mouiller, en attendant que le remorqueur ait fait le tour pour venir le reprendre au mouillage. Nous supposons évidemment que le vent et la marée sont contraires, car s'ils sont favorables, le remorqué n'est pas dans l'obligation de mouiller ; il peut gouverner sous son foc et se tenir dans la bonne direction en attendant que le remorqueur ait viré de bord cap pour cap.

363. Comment doivent manœuvrer les deux navires quand le remorqueur vient à stopper tout d'un coup par force majeure, avec calme ou avec de la brise?

S'il fait calme et qu'il y ait urgence à stopper immédiatement, il est indispensable de faire larguer les remorques et d'employer la vitesse que conservent les deux navires à les éloigner l'un de l'autre le plus possible. Le meilleur moyen d'y parvenir est de lancer le remorqueur sur un bord et le remorqué sur l'autre bord. L'article 20 du règlement dit bien qu'en cas de calme ou de vent arrière, le remorqueur obligé de stopper doit venir sur tribord, faisant signe au remorqué de venir sur bâbord ; mais pour éviter les accidents sérieux qui peuvent résulter d'un geste mal fait ou d'un signal mal compris, il est prudent de convenir à l'avance des manœuvres que chaque navire doit exécuter au cas d'un arrêt brusque de la machine.

Si la brise est debout, les prescriptions demeurent les mêmes. Mais si un vent favorable permet à chaque bâtiment d'aider l'action de la machine par des voiles, le remorqueur doit lancer dans le vent pour masquer ses voiles, et le remorqueur, au contraire, laisser porter. Cette recommandation est surtout faite en vue du navire à hélice, auquel elle fait éviter les chances d'avoir les remorques engagées dans les ailes de son propulseur.

ÉCLAIRAGE.

RENCONTRE ET ABORDAGE DES NAVIRES A VAPEUR.

Un décret du 28 mai 1858 a prescrit l'application d'un règlement, adopté par la plupart des nations maritimes, servant à déterminer les feux que les bâtiments de guerre et les navires du commerce à voiles et à vapeur sont tenus de porter pendant la nuit.

Depuis cette époque, cependant, les nombreux abordages qui ont eu lieu, et que le développement de la navigation à vapeur semble avoir augmentés dans une grande proportion, ont démontré l'insuffisance des prescriptions établies. En effet, si, dans bien des cas, des abordages ont pu être attribués à l'absence à bord des feux réglementaires, il a été constaté que, le plus souvent, ces sortes d'accidents se sont produits par suite de la diversité des règles observées par les différentes nations, en ce qui concerne la route à suivre pour éviter la rencontre de deux navires courant l'un sur l'autre, ou faisant des routes qui se croisent.

La nécessité de reviser les règles adoptées à cet égard par la marine française a été signalée à plusieurs reprises. Mais le conseil d'amirauté, après avoir été saisi d'un projet de règlement, déclara avec raison que, pour être efficace, une règle destinée à prévenir les abordages devait être en quelque sorte adoptée par toutes les nations, et émit l'avis qu'avant de rien changer à nos usages, il était indispensable de s'entendre avec les principales puissances maritimes.

Le département des affaires étrangères fut donc saisi d'une proposition qui avait pour objet de soumettre à l'examen du gouvernement britannique un projet rédigé par le conseil d'amirauté, et soit de provoquer, de concert, la réunion d'une conférence internationale en vue de l'adoption d'une règle uniforme, soit de demander l'adhésion des différentes puissances à ce qui aurait été fait.

Le projet du conseil, sauf quelques modifications que la France a acceptées, a été adopté par le gouvernement de Sa Majesté Britannique et sanctionné, dans la dernière session, par un acte du parlement.

En présence de l'adoption définitive par les administrations de la France et de l'Angleterre des règles à observer dans la navigation, on a pensé qu'au lieu de réunir une commission spéciale où tous les États intéressés auraient dû se faire représenter par des délégués chargés d'élaborer contradictoirement les règles à consacrer, il était préférable et plus simple de faire remettre à ces États, simultanément et par l'intermédiaire des agents diplomatiques de France et d'Angleterre accrédités auprès d'eux, une note identique pour leur faire connaître le texte du nouveau règlement, en leur demandant d'y adhérer.

En conséquence, sur la demande du Ministre de la marine, l'Empereur a ordonné que le nouveau règlement, qui porte la date du 25 octobre 1862, soit observé par les navires de guerre et du commerce à partir du 1er juin 1863, époque à laquelle il sera mis en vigueur dans la marine britannique.

364. Décret du 25 octobre 1862.

ARTICLE PREMIER. — A dater du 1er juin 1863, les bâtiments de la marine impériale, ainsi que les navires du commerce, seront assujettis aux prescriptions ci-après, qui ont pour objet de prévenir les abordages.

Dans les règles qui suivent, tout navire à vapeur qui ne marche qu'à l'aide de ses voiles est considéré comme navire à voiles; et tout navire dont la machine est en action, quelle que soit sa voilure, est considéré comme navire à vapeur.

Règles relatives aux feux et aux signaux en temps de brume.

Art. 2. — Les feux mentionnés aux articles suivants doivent être portés, à l'exclusion de tous autres, par tous les temps, entre le coucher et le lever du soleil.

Art. 3. — Les navires à vapeur, lorsqu'ils sont en marche, portent les feux ci-après :

(a) *En tête du mât de misaine*, un feu blanc placé de manière à fournir un rayonnement uniforme et non interrompu dans tout le parcours d'un arc horizontal de 20 quarts du compas, qui se compte depuis l'avant jusqu'à 2 quarts en arrière du travers de chaque bord, et d'une portée telle qu'il puisse être visible à 5 milles au moins de distance, par une nuit sombre, mais sans brume;

(*b*) *A tribord*, un feu vert établi de façon à projeter une lumière uniforme et non interrompue sur un arc horizontal de 10 quarts du compas, qui est compris entre l'avant du navire et 2 quarts sur l'arrière du travers à tribord, et d'une portée telle qu'il puisse être visible à 2 milles au moins de distance, par une nuit sombre, mais sans brume;

(*c*) *A bâbord*, un feu rouge construit de façon à projeter une lumière uniforme et non interrompue sur un arc horizontal de 10 quarts du compas, qui est compris entre l'avant du navire et 2 quarts sur l'arrière du travers à bâbord, et d'une portée telle qu'il puisse être visible à 2 milles au moins de distance, par une nuit sombre, mais sans brume;

(*d*) Ces feux de côté sont pourvus, en dedans du bord, d'écrans dirigés de l'arrière à l'avant, et s'étendant à $0^{m},90$ en avant de la lumière, afin que le feu vert ne puisse pas être aperçu de bâbord avant, et le feu rouge de tribord avant.

Art. 4. — Les navires à vapeur, quand ils remorquent, doivent, indépendamment de leurs feux de côté, porter deux feux blancs verticaux en tête de mât, qui servent à les distinguer des autres navires à vapeur. Ces feux sont semblables au feu unique de tête de mât que portent les navires à vapeur ordinaires.

Art. 5. — Les bâtiments à voiles, lorsqu'ils font route à la voile ou en remorque, portent les mêmes feux que les bâtiments à vapeur en marche, à l'exception du feu blanc du mât de misaine, dont ils ne doivent jamais faire usage.

Art. 6. — Lorsque des bâtiments à voiles sont d'assez faible dimension pour que leurs feux verts et rouges ne puissent pas être fixés d'une manière permanente, ces feux sont néanmoins tenus allumés sur le pont à leurs bords respectifs, prêts à être montrés instantanément à tout navire dont on constaterait l'approche, et assez à temps pour prévenir l'abordage.

Ces fanaux portatifs, pendant cette exhibition, sont tenus autant en vue que possible, et présentés de telle sorte que le feu vert ne puisse être aperçu de bâbord avant, et le feu rouge de tribord avant.

Pour rendre ces prescriptions d'une application plus certaine et plus facile, les fanaux sont peints extérieurement de la couleur du feu qu'ils contiennent, et doivent être pourvus d'écrans convenables.

Art. 7. — Les bâtiments, tant à voiles qu'à vapeur, mouillés sur une rade, dans un chenal ou sur une ligne fréquentée, portent, depuis le coucher jusqu'au lever du soleil, un feu blanc placé à une hauteur qui n'excède pas 6 mètres au-dessus du plat-bord et projetant une lumière uniforme et non interrompue tout autour de l'horizon à la distance d'au moins un mille.

Art. 8. — Les bateaux pilotes à voiles ne sont pas assujettis à porter les mêmes feux que ceux exigés pour les autres navires à voiles; mais ils doivent avoir en tête de mât un feu blanc visible de tous les points de l'horizon, et de plus montrer un feu de quart d'heure en quart d'heure.

Art. 9. — Les bateaux de pêche non pontés et tous les autres bateaux également non pontés ne sont pas tenus de porter les feux de côté exigés pour les autres navires; mais ils doivent, s'ils ne sont pas pourvus de semblables feux, se servir d'un fanal muni sur l'un de ses côtés d'une glissoire verte, et sur l'autre d'une glissoire rouge, de façon qu'à l'approche d'un navire ils puissent montrer ce fanal en temps opportun pour prévenir l'abordage, en ayant soin que le feu vert ne puisse être aperçu de bâbord, et le feu rouge de tribord.

Les navires de pêche et les bateaux non pontés qui sont à l'ancre, ou qui ayant leurs filets dehors sont stationnaires, doivent montrer un feu blanc.

Ces mêmes navires et bateaux peuvent, en outre, faire usage d'un feu visible à de courts intervalles, s'ils le jugent convenable.

Signaux en temps de brume.

Art. 10. — En temps de brume, de jour comme de nuit, les navires font entendre les signaux suivants toutes les cinq minutes au moins, savoir :

(a) Les navires à vapeur en marche, le son du sifflet à vapeur qui est placé en avant de la cheminée à une hauteur de $2^{m}.40$ au-dessus du pont des gaillards;

(b) Les bâtiments à voiles, lorsqu'ils sont en marche, font usage d'un cornet;

(c) Les bâtiments à vapeur et à voiles, lorsqu'ils ne sont pas en marche, font usage d'une cloche.

Règles relatives à la route.

Art. 11. — Si deux navires à voiles se rencontrent courant l'un sur l'autre, directement ou à peu près, et qu'il y ait risque d'abordage, tous deux viennent sur tribord pour passer à bâbord l'un de l'autre.

Art. 12. — Lorsque deux navires à voiles font des routes qui se croisent et les exposent à un abordage, s'ils ont des amures différentes, le navire qui a les amures à bâbord manœuvre de manière à ne pas gêner la route de celui qui a le vent de tribord; toutefois, dans le cas où le bâtiment qui a les amures à bâbord est au plus près, tandis que l'autre a du largue, celui-ci doit manœuvrer de manière à ne pas gêner le bâtiment qui est au plus près. Mais si l'un des deux est vent arrière ou s'ils ont le vent du même bord, le navire qui est vent arrière ou qui aperçoit l'autre sous le vent, manœuvre pour ne pas gêner la route de ce dernier navire.

Art. 13. — Si deux navires sous vapeur se rencontrent courant l'un sur l'autre, directement ou à peu près, et qu'il y ait risque d'abordage, tous deux viennent sur tribord pour passer à bâbord l'un de l'autre.

Art. 14. —. Si deux navires sous vapeur font des routes qui se croisent et les exposent à s'aborder, celui qui voit l'autre par tribord manœuvre de manière à ne pas gêner la route de ce navire.

Art. 15. — Si deux navires, l'un à voiles, l'autre sous vapeur, font des routes qui les exposent à s'aborder, le navire sous vapeur manœuvre de manière à ne pas gêner la route du navire à voiles.

Art. 16. — Tout navire sous vapeur qui approche un autre navire de manière qu'il y ait risque d'abordage, doit diminuer sa vitesse ou stopper et marcher en arrière, s'il est nécessaire. Tout navire sous vapeur doit, en temps de brume, avoir une vitesse modérée.

Art. 17. — Tout navire qui en dépasse un autre gouverne de manière à ne pas gêner la route de ce navire.

Art. 18. — Lorsque, par suite des règles qui précèdent, l'un des deux bâtiments doit manœuvrer de manière à ne pas gêner l'autre, celui-ci doit néanmoins subordonner sa manœuvre aux règles énoncées à l'article suivant.

Art. 19. — En se conformant aux règles qui précèdent, les navires doivent tenir compte de tous les dangers de la navigation. Ils auront égard aux circonstances particulières qui peuvent rendre nécessaire une dérogation à ces règles, afin de parer à un péril immédiat.

Art. 20. — Rien dans les règles ci-dessus ne saurait affranchir un navire, quel qu'il soit, ses armateurs, son capitaine ou son équipage, des conséquences d'une omission de porter des feux ou signaux, d'un défaut de surveillance convenable, ou enfin d'une négligence quelconque des précautions commandées par la pratique ordinaire de la navigation ou par les circonstances particulières de la situation.

Art. 21. — Le présent décret abroge, à partir du 1er juin 1863, le décret du 28 mai 1858 concernant l'éclairage de nuit des bâtiments à voiles et à vapeur et les signaux de brume.

Fait au palais de Saint-Cloud, le 25 octobre 1862.

Signé : NAPOLÉON.

Par l'Empereur :

Le ministre secrétaire d'État de la marine et des colonies,

Signé : Comte P. DE CHASSELOUP-LAUBAT.

365. Quelles sont les premières manœuvres à faire en cas d'abordage?

La machine doit être stoppée immédiatement, parce que si la marche était continuée, il en résulterait peut-être des avaries sérieuses pour l'appareil dont les pièces principales ont pu éprouver un certain dérangement dans leurs positions respectives à la suite du choc produit par la rencontre. Mais, le premier moment d'alarme passé, il est urgent de se rendre exactement compte de l'état des choses.

Une voie d'eau doit être sans aucun doute la conséquence de l'abordage, il faut, par conséquent, après s'être assuré qu'aucun cordage n'est à la traîne exposé à engager le propulseur, remettre la machine en marche doucement pour s'assurer de son état et pouvoir mettre en œuvre les moyens indiqués précédemment (§ 340).

366. Quelles sont les précautions ultérieures à prendre lors d'un tel accident?

Selon toute probabilité, l'ouverture qui constitue la voie d'eau s'est produite à peu de distance de la flottaison, il est alors nécessaire de faire donner de la bande soit au moyen des voiles, soit en vidant les chaudières du bord avarié.

Si l'abordage a eu lieu dans un moment où les machines ne fonctionnaient pas, il est néanmoins possible d'utiliser immédiatement l'appareil mécanique sans être obligé d'allumer les feux, car lorsque le navire est sous voiles, son propulseur laissé libre peut tourner de quatre à huit fois par minute, selon la vitesse, sous l'action de l'eau déplacée. On ouvre alors le trou d'homme d'une chaudière; l'air s'y introduit, se distribue dans le cylindre au moyen du tiroir, tout comme la vapeur, et accélère ainsi le mouvement que le piston reçoit du propulseur. L'injection supplémentaire est ouverte dans la cale, l'eau arrive au condenseur, puis est refoulée au dehors par la pompe à air.

Ce mode d'épuisement ne doit être employé que lorsqu'on peut, sans risques, donner au navire la vitesse nécessaire pour faire fonctionner les pistons, parce que, d'une part, la vitesse d'introduction de l'eau augmente avec le sillage, et que, d'autre part, la résistance, qui croît comme le carré de la vitesse, peut produire l'agrandissement de la voie d'eau. Ces considérations sont importantes et demandent à être appréciées avec intelligence.

QUESTIONS
DE CANONNAGE
RELATIVES

A L'EXAMEN DE CAPITAINE AU LONG COURS

QUESTIONS DE CANONNAGE

RELATIVES A L'EXAMEN DE CAPITAINE AU LONG COURS

D. — Quelles sont les bouches à feu en usage dans la marine?

R. — Le canon, la caronade, le canon-obusier et l'obusier, l'obusier de montagne, le mortier.

D. — Quels sont les canons en usage dans la marine?

R. — Le canon de 50, le canon de 36, les canons de 30, n° 1, n° 2, n° 3, n° 4, les canons de 12, n° 2 et n° 3, en fonte, le canon de 12 en bronze, et les canons rayés, ceux-ci de 30 et 36, les caronades de 30, 24 et 18.

D. — Quels sont les obusiers en usage dans la marine?

R. — Les obusiers de 22 cent. n° 1 et n° 2, ou de 80, le canon-obusier de 16 cent. ou de 30, les obusiers en bronze de 15 cent. et ceux de 12 cent. n° 1 et n° 2, les espingoles.

D. — Quels sont les mortiers employés dans la marine?

R. — Ce sont les mortiers de 32 cent. à plaque en fonte de fer.

D. — Qu'est-ce que l'âme d'une pièce?

R. — C'est le vide intérieur destiné à recevoir la charge.

D. — Que nomme-t-on la chambre d'une bouche à feu?

R. — C'est la partie extrême de l'âme qui est d'un diamètre plus petit et destinée à recevoir uniquement la charge de poudre.

D. — Quelles sont les pièces qui sont chambrées?

R. — Ce sont :

Les obusiers et le canon-obusier de 30, dont la chambre est cylindrique; la chambre se raccorde avec l'âme au moyen d'un tronc de cône;

Les caronades, dont la chambre est cylindrique et terminée par une demi-sphère; l'âme se raccorde avec la chambre au moyen d'une partie de surface sphérique;

Les mortiers dont la chambre est sphérique.

D. — Quel est le diamètre de la lumière lorsque les bouches à feu sont neuves?

R. — Il est de 5 millim. et 6 dixièmes. — Cette dimension offre un passage facile au dégorgeoir qui doit avoir une rigidité suffisante pour percer la gargousse, et n'est pas assez grande pour donner passage à une quantité notable du gaz dégagé par la poudre. — Ce diamètre s'accroît assez vite lorsque la pièce a tiré un certain nombre de coups.

D. — Comment la lumière est-elle percée?

R. — Elle est inclinée de 15° par rapport à la verticale et son prolongement aboutit au tiers de la longueur de la gargousse, condition essentielle pour la prompte combustion de la poudre.

D. — Quel diamètre doit avoir la lumière pour qu'un canon soit mis hors de service?

R. — 9 millimètres.

D. — Quel est à peu près le nombre de coups qu'aura tiré un canon pour que la lumière arrive à cet agrandissement?

R. — Trois cents environ, au tiers du poids du boulet.

Des Calibres.

D. — Comment distingue-t-on entre elles les différentes bouches à feu?

R. — Par le poids de leurs projectiles respectifs et leurs calibres.

D. — Qu'entend-on par calibre d'une pièce?

R. — Le diamètre de l'âme.

D. — Quelles sont les bouches à feu que l'on distingue par le poids de leurs boulets?

R. — Le canons et les espingoles.

D. — Quelles sont les bouches à feu que l'on distingue par le diamètre de leur âme?

R. — Les obusiers et les mortiers.

Des Charges.

D. — Combien y a-t-il de différentes charges de poudre à bord des bâtiments pour les canons de 50?

R. — Trois : la charge égale au 1/3 du poids du boulet (8^k,330), celle au quart (6^k,250) et celle au sixième (4^k,165).

D. — Combien y a-t-il de charges de poudre pour le canon de 30 n° 1?

R. — Trois : la charge égale au tiers du poids du boulet (5^k), celle au quart (3^k,750) et celle au sixième (2^k,500).

D. — Quel est l'usage de chacune de ces charges?

R. — La charge au tiers s'emploie pour tirer sur des fortifications, ou sur un bâtiment qui se trouve à une grande distance. — La charge au quart est la charge ordinaire de combat; la charge au sixième s'emploie, lorsque les pièces sont échauffées, quand on y met plusieurs projectiles, et quand la distance est petite. C'est aussi la charge pour les exercices et les saluts.

D. — Quelles sont les charges de poudre pour le canon de 30 n° 2?

R. — Il y en a trois : la première est au tiers; mais on ne la délivre qu'aux bâtiments qui n'ont pas de 30 n° 1, et pour les pièces seulement destinées à tirer en chasse ou en retraite; la seconde est au quart, la troisième au sixième.

D. — Quelles sont les charges du canon de 30 n° 3?

R. — Il y en a deux : la charge au cinquième (3 kil.) et la charge au sixième (2^k,500).

D. — Quelle est la charge du canon de 30 n° 4?

R. — Cette charge est unique, elle est du sixième (2^k,500).

D. — Quelles sont les charges de poudre pour le canon de 12 en fonte, n° 2?

R. — Il y en a trois; la charge au tiers (2 kil.), la charge au quart (1^k,500) et la charge au sixième (1 kil.).

D. — Quelles sont les charges de poudre pour le canon de 12 en fonte, n° 3 et en bronze?

R. — Il y en a deux; la charge au quart et la charge au sixième.

D. — Quelle est la charge de la caronade pour tous les calibres?

R. — Elle est unique et égale au neuvième du poids du boulet.

D. — Quelles sont les charges du canon-obusier de 30?

R. — Il y en a deux : la première, dite grande charge, est de 2 kil.; la deuxième, dite petite charge, est de 1^k,500.

D. — Quelles sont les charges des obusiers en fonte de fer?

R. — Les obusiers, quel que soit leur calibre, n'ont qu'une charge unique; celle de l'obusier de 22 cent. n° 1 est de 3^k,500, celle du n° 2 de la même pièce est de 3^k,000.

D. — Quelles sont les charges des obusiers en bronze pour les embarcations?

R. — La charge de l'obusier de 15 cent. est de 800 grammes;

celle de l'obusier de 12 cent. nº 1 est de 400 grammes; celle de l'obusier de 12 cent. nº 2 est de 270 grammes.

D. — Quelle est la plus forte charge du mortier de 32 cent. à plaque?

R. — 14 kilogrammes.

D. — Quelles sont les gargousses en usage dans la marine?

R. — Les gargousses en papier parchemin pour les bouches à feu en fonte de fer, jusqu'au calibre de 12 inclusivement, et les gargousses en serge pour les canons de 12 en fonte de fer, les bouches à feu en bronze de toute espèce, et les caronades.

D. — Quelles formes ont les gargousses?

R. — Les gargousses en papier parchemin sont cylindriques, leur fond a la forme du fond de l'âme; celles en serge sont cylindriques pour les obusiers, sphériques pour les caronades.

D. — Comment distingue-t-on entre elles les différentes gargousses?

R. — Les gargousses doivent porter les inscriptions suivantes : 1º la première lettre du nom du port de confection et l'année ; 2º l'indication de la bouche à feu à laquelle elles conviennent; 3º l'espèce et le poids de la charge de poudre.

D. — Quelle charge emploie-t-on lorsqu'on met plusieurs projectiles dans un canon?

R. — La charge au 1/4 ou au 1/6, parce qu'en employant une plus forte charge on fatiguerait la pièce et son gréement, et l'on s'exposerait à des accidents.

D. — Quand on tire le canon avec des boulets creux, quelle charge emploie-t-on?

R. — On se sert de la charge au 1/6; la plus forte serait celle au 1/4.

D. — Pourquoi ne tire-t-on pas les boulets creux avec la charge au 1/3?

R. — Parce que le boulet creux pesant moins que le boulet plein n'a pas besoin d'une aussi forte charge pour atteindre la même portée, et que les secousses qu'il éprouverait dans la pièce pourraient le briser.

D. — Peut-on lancer un boulet creux en même temps qu'un autre projectile?

R. — Non, parce que les chocs des deux projectiles pourraient faire éclater le boulet creux dans la pièce.

Des Projectiles.

D. — Quels sont les projectiles employés dans la marine?

R. — Ce sont le boulet plein, le boulet creux et l'obus, le paquet de mitraille en grappe ou en boîte, et la bombe.

D. — Quel est l'usage de chacun de ces projectiles?

R. — Le boulet plein est le projectile le plus généralement employé dans les combats; le boulet creux et l'obus sont destinés à éclater au moyen de la poudre qu'ils contiennent, au moment où ils frappent l'objet sur lequel ils sont dirigés; la mitraille s'emploie lorsqu'on est très-près de l'ennemi, ou lorsqu'on tire sur des embarcations ou des hommes à découvert; la bombe est employée par les bombardes contre des villes ou des forts, et par les batteries de terre contre les navires.

D. — Combien y a-t-il d'espèces de boulets creux?

R. — Deux : le boulet creux à fusée et le boulet creux à percussion.

D. — En quoi diffèrent-ils?

R. — Le boulet creux à fusée éclate dans un intervalle de temps mesuré par la combustion de la fusée;

Le boulet creux à percussion éclate par le choc sur la muraille du navire.

D. — Quelle différence y a-t-il entre le boulet creux et l'obus?

R. — Ces deux projectiles ne diffèrent que par leur diamètre et l'épaisseur de leurs parois. — Pour une même pièce, le diamètre du boulet creux est un peu plus faible que celui de l'obus, et l'épaisseur de ses parois est moindre que celle des parois de l'obus.

D. — Qu'est-ce qu'un sabot et quel est son but?

R. — C'est un morceau de bois en partie creusé pour recevoir le boulet creux ou l'obus, que l'on fixe sur le projectile au moyen de quatre bandelettes en cuivre rouge, qui viennent se réunir à une rondelle de plomb autour de l'œil du projectile ou du piton des obus percutants. — Son but est d'assujettir les fusées des boulets creux et obus dans l'axe des bouches à feu, et aussi de ménager les pièces et d'obtenir une plus grande régularité de tir en diminuant les battements des projectiles.

D. — Combien y a-t-il de sortes de mitrailles en grappes?

R. — Deux : la mitraille à grosses balles en fonte, et la mitraille à petites balles en fer. — Elles sont montées sur un plateau circulaire en fer forgé que traverse dans son milieu une tige également en fer forgé et rivée en dessous. Les balles, disposées par couches, sont renfermées dans un sac en toile entouré d'un transfilage en merlin. — Les grappes sont, pour chaque calibre, à grosses et à petites balles.

D. — Quelle différence y a-t-il dans l'effet que produisent ces deux espèces de mitrailles?

R. — La mitraille à petites balles écarte beaucoup plus que celle à grosses balles et a moins de portée.

D. — Qu'est-ce qu'une boîte de mitraille?

R. — C'est un cylindre en fer-blanc plein de balles, fermé d'un bout par un couvercle en tôle, et de l'autre par un culot plat en fer battu monté sur saboten bois.

D. — Quelles sont les pièces pour lesquelles on se sert de cette sorte de mitraille?

R. — Ce sont les obusiers en bronze servant à l'armement des embarcations.

D. — Suivant quel ordre place-t-on un paquet de mitraille et un boulet dans une pièce?

R. — Le boulet le premier, la mitraille par-dessus.

D. — Qu'est-ce que le vent du boulet?

R. — C'est la différence qui existe entre le diamètre de l'âme et le diamètre du boulet.

D. — A quoi sert le vent du boulet?

R. — A faciliter l'introduction du projectile dans la pièce?

D. — Les boulets creux ont-ils le même vent que les boulets pleins?

R. — Non; le vent des boulets creux est un peu moindre.

D. — Pourquoi donne-t-on plus de vent au boulet plein qu'au boulet creux?

R. — A cause de la rouille qui se forme autour des boulets dans les puits où on les loge à bord des bâtiments, tandis que les boulets creux sont conservés dans des soutes à l'abri de l'humidité, et aussi parce que les obusiers s'encrassent moins en raison du sabot de l'obus et d'une plus petite charge.

D. — Quel est à peu près le vent des boulets pleins?

R. — De 4 à 5 millimètres.

D. — Et pour les boulets creux?

R. — De 2 à 4 millimètres.

D. — Quels sont les inconvénients d'un trop grand vent?

R. — De diminuer l'effet de la poudre sur le boulet; de permettre à celui-ci de plus grands battements qui dégradent l'âme de la pièce et accroissent les incertitudes du tir, puisque le projectile suit une direction sur laquelle influe toujours le dernier battement.

Pointage.

D. — Qu'appelle-t-on axe de la pièce?

R. — C'est la ligne qui passe par le milieu du fond de l'âme et le milieu de la bouche du canon.

D. — Qu'est-ce que la ligne de tir?

R. — C'est l'axe de la pièce prolongé indéfiniment au dehors.

D. — Que nomme-t-on ligne de mire naturelle?

R. — C'est la ligne qui passe par le point le plus élevé de la culasse du canon et le point le plus élevé de la volée.

D. — Que nomme-t-on ligne de mire artificielle?

R. — C'est la ligne qui passe par le point le plus élevé de la hausse et le sommet du guidon du fronteau de mire.

D. — La ligne de mire et la ligne de tir se rencontrent-elles?

R. — Oui, parce que la culasse étant plus épaisse que la volée, la ligne de mire est inclinée sur la ligne de tir, et que ces deux lignes sont dans un même plan.

D. — Qu'est-ce que la trajectoire?

R. — La trajectoire est la ligne que décrit le centre du projectile pendant le mouvement de ce dernier ; elle est courbe, et tourne sa concavité du côté de la terre.

D. — La trajectoire et la ligne de tir se rencontrent-elles?

R. — Non, elles se quittent à la bouche de la pièce. — La trajectoire reste au-dessous de la ligne de tir et s'en écarte de plus en plus.

D. — La trajectoire et la ligne de mire naturelle se rencontrent-elles?

R. — Oui; la ligne de mire naturelle coupe deux fois la trajectoire.

D. — Que nomme-t-on but-en-blanc?

R. — On donne généralement ce nom à tout point de rencontre de la trajectoire et de la ligne de mire.

D. — Combien y en a-t-il?

R. — Deux, puisque la ligne de mire coupe deux fois la trajectoire.

D. — Comment nomme-t-on le premier?

R. — Premier but-en-blanc; comme il est peu important, on ne s'en occupe guère.

D. — A quelle distance se trouve-t-il de la bouche de la pièce?

R. — Cette distance varie de 4 à 8 mètres.

D. — Comment nomme-t-on le second but-en-blanc?

R. — But-en-blanc naturel quand la ligne de mire est horizontale; et simplement but-en-blanc dans les autres cas.

D. — Si la volée était aussi épaisse que la culasse, où serait le but-en-blanc?

R. — Il n'y en aurait pas, parce que la ligne de mire restant toujours à la même hauteur au-dessus de la ligne de tir, elle ne pourrait pas rencontrer la trajectoire, qui est toujours au-dessous de cette dernière ligne.

D. — Quelle est, en général, la distance du but-en-blanc lorsqu'on tire à mitraille?

R. — La moitié de celle reconnue lorsqu'on tire à boulet plein.

D. — Qu'appelle-t-on pointer une pièce?

R. — C'est lui donner la direction et l'inclinaison convenables pour atteindre l'objet que l'on veut battre.

D. — Comment faut-il viser pour obtenir ce résultat?

R. — Par la ligne de mire naturelle que l'on fait passer par l'œil, et par l'objet que l'on veut battre, si l'on est à la distance du but-en-blanc.

D. — Quand le navire ennemi est plus éloigné que le but-en-blanc, comment faut-il pointer?

R. — En faisant passer la ligne de mire naturelle au-dessus du point que l'on veut atteindre, de la quantité indiquée par le chef de batterie.

D. — Et si l'ennemi est plus rapproché?

R. — On vise plus bas que l'objet à battre de la quantité indiquée par le chef de batterie.

D. — Les pointages exécutés suivant les quantités indiquées au-dessus et au-dessous de l'objet à battre, donnent-ils quelque certitude dans le tir?

R. — Non; ils reposent sur des indications toujours incertaines.

D. — Qu'appelle-t-on pointer par l'axe?

R. — C'est pointer à l'aide d'une ligne tracée à l'avance sur le côté droit de la pièce dans un plan horizontal passant par l'axe.

D. — Comment pointe-t-on avec cette ligne?

R. — Toujours plus haut que l'objet à battre, puisque la trajectoire est toujours au-dessous de l'axe et non plus tantôt au-dessus, tantôt au-dessous, comme lorsque le pointage a lieu suivant la ligne de mire naturelle.

D. — Qu'est-ce que l'angle de mire naturel?

R. — C'est celui qui est formé par la ligne de mire naturelle et par la ligne de tir.

D. — De quelle espèce est-il?

R. — Cet angle est aigu et constant pour chaque pièce; il est d'un degré et demi pour les canons de 30 n° 1 (ancien modèle), et de trois degrés et demi pour les caronades.

D. — L'angle de mire change-t-il quand on augmente l'épaisseur de la culasse ou quand on réduit celle de la volée?

R. — Oui; il devient plus grand, parce que l'ouverture entre les deux lignes qui le forment augmente.

D. — La position du but-en-blanc change-t-elle alors?

R. — Oui; parce que, la ligne de mire s'abaissant davantage au-dessous de la trajectoire, le point de rencontre de ces deux lignes est plus éloigné.

D. — Quand on augmente l'épaisseur de la volée, l'angle de mire change-t-il?

R. — Oui. Il diminue.

D. — La position du but-en-blanc change-t-elle?

R. — Oui. Dans ce cas le but-en-blanc se rapproche, parce que, la ligne de mire s'abaissant moins au-dessous de la trajectoire, la rencontre de ces deux lignes a lieu plus près de la pièce.

D. — Comment nommerait-on un angle de mire que l'on obtiendrait en changeant à volonté, par un procédé quelconque, l'épaisseur de la culasse ou celle de la volée?

R. — On le nommerait angle de mire artificiel, parce qu'il serait formé par une ligne de mire artificielle.

D. — Qu'est-ce que la hausse?

R. — C'est un instrument qui sert à augmenter ou à diminuer à volonté l'épaisseur de la culasse, ce qui permet d'obtenir, au moyen du fronteau de mire, un but-en-blanc pour chaque distance et, par conséquent, de tirer directement sur l'objet à battre.

D. — De quoi se compose la hausse?

R. — D'une tige mobile graduée, couronnée d'un chapeau, portant un cran de mire et une vis de pression. Quand le chapeau repose sur la boîte, la hausse est à zéro, et la ligne qui passe par le cran de mire de la hausse et le sommet du fronteau de mire est parallèle à la ligne de tir.

D. — Quelle attention doit avoir le chef de pièce lorsqu'il se sert d'une hausse?

R. — Il doit se servir de la graduation correspondante à la charge qu'il sait être dans la pièce.

D. — Quand on est à moins d'une encablure, comment pointe-t-on avec la hausse?

R. — On abaisse le curseur à zéro, et on vise directement sur l'objet, parce qu'à une si petite distance, le boulet s'écarte très-peu de cette ligne de mire.

D. — Lorsque la distance à laquelle on doit tirer est plus grande que la graduation extrême de la hausse, comment pointe-t-on ?

R. — On se sert de hausses supplémentaires en bois et l'on vise comme avec les hausses ordinaires, par la masse de mire, tant que la ligne de mire artificielle ne rencontre pas le bourrelet, et, à partir de ce moment, par le point le plus élevé de la volée.

D. — Si on n'avait pas de hausses supplémentaires, comment ferait-on ?

R. — On placerait la hausse au cran correspondant au but-en-blanc naturel de la pièce, et on viserait sur le point indiqué par le chef de batterie.

D. — Que devient alors la ligne de mire artificielle ?

R. — Elle devient parallèle à la ligne de mire naturelle.

D. — En pointant à la mer par la ligne de mire ne commet-on pas une erreur ?

R. — Oui, parce qu'au tangage la ligne de mire naturelle ou artificielle s'incline sur l'avant ou sur l'arrière, et les points qui servent à la déterminer ne sont plus dans la position qu'ils doivent occuper.— Mais cette erreur ne produit jamais une déviation de plus de 5 mètres en direction.

D. — Lorsque le point à battre n'est pas déterminé, où doit viser le chef de pièce ?

R. — A mi-hauteur de la coque du bâtiment ennemi et par le travers du grand mât, parce que, si le boulet dévie, on lui assure plus de chances d'atteindre l'ennemi.

D. — Lorsqu'on croise l'ennemi avec beaucoup de vitesse, comment faut-il tirer ?

R. — Un peu avant que la ligne de mire n'arrive sur le point que l'on veut atteindre.

D. — Le vent influe-t-il sur la direction du boulet?

R. — Oui; lorsque la brise est forte, il faut y avoir égard et tirer plus au vent d'une quantité que le chef de pièce doit apprécier, si elle n'est pas indiquée par le chef de batterie.

Portées.

D. — Qu'est-ce que l'angle de projection ?

R. — C'est celui qui est formé par la ligne de tir et l'horizon.

D. — Qu'arrive-t-il lorsque l'axe de la pièce est horizontal?

R. — Qu'il n'y a pas d'angle de projection, puisqu'alors la ligne de tir étant parallèle à l'horizon ne peut pas le rencontrer.

D. — Que devient cet angle quand on abaisse la culasse?

R. — Il devient de plus en plus grand.

D. — Si au lieu d'abaisser la culasse on l'élevait, que deviendrait cet angle?

R. — De plus en plus grand aussi, puisque la ligne de tir s'écarterait de la ligne horizontale; mais, comme alors la ligne de tir s'abaisse au-dessous de l'horizon, cet angle est en sens inverse.

D. — Quel serait l'angle de projection si l'axe de la pièce était vertical.

R. — Il serait droit, puisqu'alors la ligne de tir serait perpendiculaire à l'horizon.

D. — Que faut-il entendre par la glus grande portée d'une pièce?

R. — La plus grande distance à laquelle son boulet puisse atteindre.

D. — De quoi dépend cette portée?

R. — Du poids de la charge et de la qualité de la poudre, du vent, du boulet et de l'angle de projection.

D. — L'angle de projection influe-t-il sur la portée d'une pièce?

R. — Oui; parce que la trajectoire étant assujettie à la ligne du tir, s'élève et s'abaisse comme elle, ce qui augmente ou diminue la courbure, et, par suite, la distance à laquelle le projectile rencontre l'horizon.

D. — Quel est le plus grand angle de projection pour obtenir, avec les canons, la plus grande portée possible?

R. — 42 degrés et demi.

D. — Une pièce étant chargée à boulet et à mitraille, quelle est la portée comparative des deux projectiles?

R. — La portée des balles de mitraille est à peu près les trois quarts de celle du boulet.

D. — Lorsqu'on tire à deux boulets, quelle est leur portée relative?

R. — Le boulet qui est sur la poudre a les quatre cinquièmes de la vitesse du second.

Tirs.

D. — Que nomme-t-on tir horizontal?

R. — C'est celui dans lequel l'axe du canon est horizontal, quelle que soit la position de la pièce par rapport au bâtiment.

D. — Qu'est-ce que le tir direct ou en belle?

R. — C'est celui dans lequel la pièce est au milieu du sabord, l'angle de projection variant suivant la distance du but à battre.

D. — Qu'appelle-t-on tirer en chasse ou en retraite?

R. — C'est lorsqu'il faut, pour atteindre l'ennemi, jeter la culasse sur l'arrière ou sur l'avant.

D. — Qu'est-ce que le tir de plein fouet?

R. — C'est celui qui a pour objet d'atteindre l'ennemi du premier choc du boulet.

D. — Qu'est-ce que tirer à toute volée?

R — C'est tirer la culasse du canon reposant sur la sole.

D. — Qu'est-ce que le tir à démâter?

R. — C'est celui qui a pour objet de démâter l'ennemi. On vise sur le point de la mâture indiqué par le chef de batterie.

D. — Si l'on tirait à dégréer, quels projectiles emploierait-on?

R. — Le boulet et la grosse mitraille, suivant la distance.

D. — Qu'est-ce que le tir en plein bois?

R. — C'est celui qui a pour objet d'atteindre la coque du bâtiment ennemi; on vise au milieu de la coque, à mi-hauteur du navire et par le travers du grand mât.

D. — Qu'est-ce que le tir à couler bas.

R. — Ce tir a pour but de couler le bâtiment ennemi. Avec une hausse, on vise à la flottaison; sans hausse, on vise au point indiqué par le chef de batterie.

D. — Quels projectiles emploie-t-on dans ce tir?

R. — Le boulet plein et le boulet creux.

D. — Qu'est-ce que le tir en enfilade?

R. — C'est celui où l'on bat l'ennemi de l'avant à l'arrière ou de l'arrière à l'avant.

D. — Qu'est-ce que le tir en écharpe?

R. — C'est celui où l'on bat l'ennemi dans la direction des bossoirs à la hanche opposée, ou réciproquement.

D. — Qu'est-ce que le tir à ricochets?

R. — C'est celui dans lequel le boulet atteint le but à la suite d'un ou plusieurs bonds successifs sur la surface de la mer.

D. — Comment doit-on pointer un canon pour obtenir des ricochets?

R. — De manière que la ligne de tir soit horizontale ou à peu près.

D. — Quel est le plus grand angle de projection sous lequel on puisse obtenir des ricochets?

R. — 5 ou 6 degrés.

D. — Quelles sont les circonstances favorables pour le tir à ricochets?

R. — Le tir à ricochets est avantageux lorsque la mer est belle, que l'on n'est pas trop rapproché de l'ennemi, et jusqu'à une distance de 8 à 10 encablures. Il peut l'être aussi, lorsqu'on se bat du bord sous le vent et que la lame est longue.

D. — Quels projectiles emploie-t-on pour le tir à ricochets?

R. — Les boulets pleins et les boulets creux.

D. — Quand se sert-on de la forte charge de poudre et d'un seul boulet?

R. — Dans le tir à couler bas, et lorsqu'on se bat à grandes distances.

D. — Pourquoi diminue-t-on la charge lorsqu'on se rapproche de l'ennemi?

R. — Parce qu'alors les boulets produisent plus d'éclats dans les murailles que s'ils avaient une grande vitesse.

D. — Pourquoi réduit-on aussi la charge de poudre lorsqu'on tire avec deux boulets?

R. — Par la même raison et pour moins fatiguer la pièce et son gréement.

D. — Dans quel cas emploie-t-on la mitraille?

R. — Quand on est près de l'ennemi, pour tirer sur les gaillards, dans le gréement et sur les embarcations.

D. — A quelle distance le tir à deux boulets cesse-t-il d'être avantageux?

R. — A deux encablures, à cause du grand écartement des boulets au delà de cette distance?

Précautions.

D.—Comment le chef de pièce amorce-t-il avec la corne d'amorce?

R. — Il prend la corne d'amorce de la main droite, le gros bout en l'air; il la place entre le pouce et le premier doigt, le doigt du milieu sur la détente. Il verse la poudre dans la lumière, l'y introduit au moyen de l'épinglette qu'il tient de la main gauche, et qu'il remue constamment pour ne pas laisser engorger la lumière. Il remplit le champ de lumière de poudre et en forme une traînée sur l'avant. Il ferme la corne d'amorce, la saisit à deux mains et écrase la poudre à l'extrémité de la traînée, qui doit être enflammée par le boute-feu. Il enlève de la main gauche le pulvérin qui est resté sur la corne d'amorce, et la passe derrière lui, le petit bout tourné du côté gauche.

D. — Si l'on doit mettre le feu à l'aide du boute-feu, comment s'y prend-on?

R. — Le quatrième servant de droite saisit le pied du boute-feu de la main droite, et en tient la tête de la main gauche; il vient se placer à la hauteur de la lumière faisant face en dedans; il se baisse pour souffler la mèche, et la porte ensuite à quatre doigts sur l'avant du champ de lumière, en tenant le bras tendu, les ongles en dessus. Il met le feu, au commandement du chef, en portant vivement la mèche à l'extrémité de la traînée de poudre.

D. — Quelle attention les chargeurs doivent-ils avoir pendant la charge pour éviter les accidents?

R. — Les chargeurs doivent avoir les yeux fixés sur le chef de pièce pendant toute la durée de la charge, et s'ils s'aperçoivent que la lumière n'est pas bien bouchée, ils se retirent vivement en arrière en abandonnant la hampe du refouloir; le chargeur de droite commande au chef de boucher la lumière.

D. — Quelle précaution faut-il prendre en écouvillonnant une pièce?

R. — Pour écouvillonner une bouche à feu qui, venant de tirer un premier coup, doit être rechargée immédiatement, il faut, même pour un salut, mouiller l'écouvillon. Pendant un tir continu, on maintiendra toujours l'écouvillon mouillé. Après avoir tiré dix coups, le corps de la pièce devra lui-même être rafraîchi avec un faubert mouillé.

D. — Comment charge-t-on dans un salut une pièce qui doit tirer plus d'un coup?

R. — On écouvillonne après le premier coup, en ayant soin de mouiller l'écouvillon; on donne ensuite un coup de refouloir dans l'âme, quoique vide, et on écouvillonne une seconde fois avant de charger.

D. — Comment fait-on pour retirer un boulet engagé dans une pièce?

R. — On élève la culasse, on met la pièce en batterie, de manière que la volée se trouve au-dessus du seuillet du sabord; on la fait frapper plusieurs fois sur le seuillet, pour faire sortir le boulet par ces secousses répétées. On a soin en même temps de relever la partie basse du sabord si l'on est dans une batterie haute, afin d'arrêter le boulet et de l'empêcher de tomber à la mer. Si ce moyen ne réussit pas, on se sert de la cuiller.

D. — Si aucun de ces moyens ne réussit, comment fait-on pour décharger la pièce?

R. — On frappe plusieurs fois la culasse sur le coussin pour faire arriver la gargousse jusqu'à la lumière. Si l'on y parvient, on perce la gargousse et on la noie en introduisant de l'eau par la lumière. On met ensuite un peu de poudre sèche dans la pièce et on fait partir le coup avec une étoupille.

D. — Quelles précautions faut-il prendre lorsqu'on charge une pièce pour la mer ?

R. — On place un valet plein par-dessus la gargousse avec laquelle on le lie ; de cette façon il protége la gargousse et permet de la retirer sans avaries.

D. — Comment préserve-t-on la charge de l'humidité ?

R. — On couvre la volée d'une coiffe goudronnée ou peinte, on suive la tape, ainsi que l'étoupille que l'on met dans la lumière.

D. — Comment doit-on palanquer une pièce au sabord ?

R. — On doit toujours palanquer main sur main, sans s'arrêter et sans secousses.

D. — Lorsqu'on palanque une pièce au sabord, que doit faire le dernier servant de gauche ?

R. — Si le navire est droit ou si l'on combat au vent, le dernier servant de gauche doit affaler les garants du palan de retraite ; il doit, au contraire, les filer à retour, s'il y a du roulis ou si l'on se bat sous le vent.

D. — Pourquoi, dans ce cas, doit-on filer les garants à retour ?

R. — Parce que, sans cette précaution, la pièce irait frapper violemment contre le bord, et le choc pourrait déranger la charge.

Mise des bouches à feu hors de service.

D. — Comment met-on une bouche à feu en fonte hors de service ?

R. — On casse un tourillon aux canons, et le support-tourillon aux caronades et on encloue la lumière. On peut encore faire éclater des obus ou des grenades dans l'âme, tirer à fortes charges avec des objets produisant des éraflements ; tirer les pièces bouche à bouche ou la bouche de l'une vis-à-vis le milieu de la volée de l'autre.

D. — Comment met-on une bouche à feu en bronze hors de service ?

R. — On scie un tourillon, on en fait ployer la volée après l'avoir chauffée fortement.

D. — Comment encloue-t-on une bouche à feu ?

R. — On enfonce à coups de marteau un clou dans la lumière. Ce clou est en fer, d'une forme tronc conique, de 20 centimètres de longueur, ayant 5 millimètres de diamètre au petit bout et 10 millimètres au gros bout. Il suffit de l'enfoncer avec un marteau à main et d'en casser la tête au ras du métal ; on en rive ensuite la pointe qui dépasse dans l'âme à coups de refouloir. — On engorge ensuite l'âme avec des cylindres en bois dur, ou des boulets faibles de calibre enveloppés de plomb ou de feutre.

D. — Comment désencloue-t-on une bouche à feu?

R. — On commence par dégorger l'âme avec la cuiller et le tire-bourre; on coupe la queue du clou au moyen d'une gouje emmanchée; on introduit dans l'âme de la pièce une charge de poudre sur laquelle on refoule un tampon en bois, et on y met le feu au moyen d'une mèche imbibée d'une composition d'artifice qui passe dans le tampon et dont un des bouts touche la poudre et l'autre sort de la pièce.

D. — Si ces moyens ne réussissent pas, comment fait-on?

R. — On entame la pièce avec un ciseau de manière à faire un petit godet autour de la lumière, et on y verse de l'acide sulfurique. Cet acide, rongeant le métal, donne du jeu au clou, ce qui permet de le retirer en chargeant la bouche à feu, mettant un valet et refoulant fortement : le feu doit toujours être mis par une mèche lente, et il faut se mettre à l'abri de l'explosion.

D. — N'existe-t-il pas un moyen plus simple que le précédent?

R. — L'action de l'acide sulfurique étant très-lente à se produire, il vaut mieux percer une nouvelle lumière, ce qui peut se pratiquer sans déplacer la pièce.

Exercice du canon, d'un bord, par commandement et par temps.

Rappel ordinaire.

Les hommes se rendent à leurs pièces du bord où l'on rappelle, et s'y placent à leurs postes ainsi qu'il est prescrit dans le rôle de combat.

Au commandement :

Approvisionnez la batterie!

Le chef de pièce fait disposer sa pièce de façon qu'elle soit prête à faire feu. Il s'équipe du sac à étoupilles et du dégorgeoir.

Les premiers servants placent l'écouvillon et le refouloir sur le pont, la tête tournée du côté de la culasse, l'écouvillon en dedans, le refouloir en dehors, l'écouvillon est décoiffé ; les servants relèvent la partie haute, et laissent tomber la partie basse du sabord dans les batteries hautes.

Les deuxièmes servants mettent la baille du combat et son faubert, ainsi que le seau à incendie à leur place sur le pont; ils suspendent le fanal dans l'endroit indiqué. Le deuxième servant de gauche dispose les projectiles et les valets.

Les troisième et quatrième servants prennent les anspects, les embarrent sous les adents de l'affût; élèvent la culasse, afin que le chef de pièce puisse retirer les objets qui sont placés sur la sole, et puisse amarrer pour le tir le coussin et le coin de mire. Les anspects sont ensuite déposés à droite et à gauche de la pièce, le gros bout tourné vers la muraille; les mêmes servants disposent les palans de côté.

Le cinquième servant de gauche dispose et croche le palan de retraite, la poulie simple à la boucle du pont, la poulie double au piton de croupière.

Le cinquième servant de droite et le pourvoyeur aident les autres servants; le pourvoyeur se saisit ensuite de son gargoussier.

Roulement!

Toute parole inutile est sévèrement interdite soit pendant l'exercice, soit devant l'ennemi : après le roulement, le plus grand silence doit régner dans la batterie.

Les chefs de pièce font face au sabord, les servants font face à leur pièce et s'alignent sur les deux premiers servants. Tous se serrent à bord de manière que les coudes s'affleurent, la tête haute, l'œil dirigé du côté du chef, les pieds sur le même alignement, le corps d'aplomb, les bras pendants, les mains dans les rangs, ouvertes et à plat sur les cuisses. Les pourvoyeurs se tiennent à la gauche de leur pièce à la hauteur des boucles de retraite.

A la fin du roulement chacun reste immobile.

(Fin du roulement.)

1er COMMANDEMENT.

Détapez, démarrez les canons!

Un temps.

Le premier servant de droite détape le canon et place la tape contre le bord derrière lui. Le premier servant de gauche fait tomber le croissant. Le chef de pièce, aidé des servants placés près de lui, démarre le canon, et l'assujettit contre le bord en passant autour du bouton de culasse un tour de chaque garant, qu'il fait tenir par les deuxièmes servants de droite et de gauche. Il relève le marteau.

(Action.)

2e COMMANDEMENT.

Dégorgez! amorcez!

Un temps.

Le chef de pièce prend le dégorgeoir de la main droite, l'enfonce dans la lumière, s'assure que la charge n'a pas bougé et perce la gargousse d'un seul coup de poignet. Il prend une étoupille, l'introduit dans la lumière en pressant fortement avec le pouce le godet sur le champ de lumière. Il pousse le verrou.

(Action.)

3e COMMANDEMENT.

Pointez!

Trois temps.

1er *temps.* — Le chef de pièce place la hausse au nombre d'encablures indiqué par le chef de batterie et pour la charge qu'il sait être dans le canon; puis il se place à droite du palan de retraite, le pied gauche en avant et à plat, le genou ployé et touchant le coussin, la jambe droite allongée, le pied droit en travers et à plat, la main gauche à la plate-bande de la culasse, et la main droite à la poignée du coin de mire.

Les troisièmes servants aidés des quatrièmes prennent les anspects, les placent sur les adents de l'affût, élèvent ou abaissent la culasse au signal du chef, jusqu'à ce que le canon soit au point convenable, c'est-à-dire que la ligne de mire se trouve, autant que possible, à la hauteur de l'objet sur lequel on doit viser quand le bâtiment est dans une position moyenne à ses balancements de roulis.

Si le pointage doit être très-oblique, on commence par porter la pièce à peu près en direction. On pointe en hauteur, et on attend le deuxième temps pour rectifier la direction.

(Action.)

2e *temps.* — Le chef de pièce se relève, décapelle les garants, les jette aux premiers servants, qui les capellent sur les pitons à croc, et maintiennent de cette façon la pièce au sabord s'il y a du roulis. Le chef de pièce prend ensuite de la main droite le cordon du percuteur, fait trois pas en arrière en partant du pied droit et s'incline sur la jambe gauche.

En même temps les servants chargés des anspects les embarrent aux flasques pour diriger la pièce à droite ou à gauche, suivant le signal du chef, qui vise en s'inclinant et en mettant dans le même alignement son œil, le cran de la hausse, le sommet du guidon de la masse de mire et l'objet à battre.

(Action.)

3e *temps.* — Dès que le pointage est fini, le chef fait le signe : *A poste!* auquel les servants chargés des anspects les retirent de dessous les flasques et reprennent leurs alignements. Ils les tiennent le bout posé sur le pont hors de la direction des fusées.

Le dernier servant de gauche se porte au palan de retraite, saisit le courant de la main droite, le double des garants de la main gauche, et se tient prêt à retirer vivement le palan en arrière quand la pièce fera feu.

(Action.)

4e COMMANDEMENT.

Feu!

Deux temps.

1er *temps.* — Le chef de pièce attend que les mouvements du navire amènent la ligne de mire dans la direction où l'on doit viser. Quand il voit ce moment près d'arriver, il l'indique par un signal, puis il fait feu, en tirant fortement et sans secousse sur le cordon du percuteur. A ce signal du chef de pièce, les premiers servants larguent les garants des palans de côté, les troisièmes servants posent sans bruit les anspects sur le pont; tous les servants, à l'exception des premiers de droite et de gauche, se portent vivement au palan de retraite, pour palanquer la pièce jusqu'à longueur de brague.

Les premiers servants calent les roues dès que la pièce est au recul. Le chef relève le cordon et le marteau de la main droite, et bouche vivement la lumière avec le pouce de la main gauche.

Le dernier servant de gauche fait une demi-clef au palan de retraite : tous les servants se serrent faisant face au sabord, les troisièmes à la hauteur du chef, les deuxièmes reprennent leurs postes.

(Action.)

2e *temps.* — Les troisièmes servants, aidés des quatrièmes, prennent les anspects, et mettent, d'après le signal du chef, la pièce à même d'être chargée, les autres servants lovent les garants des palans de retraite et de côté; les anspects sont mis à leur place; chacun reprend son poste.

5e COMMANDEMENT.

Bouchez la lumière, écouvillonnez! au refouloir!

Deux temps.

1er *temps.* — Le chef de pièce tient la lumière bouchée pendant toute la durée de la charge, et ne retire son pouce pour sonder que lorsque les chargeurs sont bien effacés. Les premiers servants de droite et de gauche se portent à la volée en passant par-dessus les palans et la brague; le deuxième servant de droite remet au premier l'écouvillon que celui-ci, aidé du premier servant de gauche, enfonce dans la pièce. Il prend aussitôt après le refouloir, et le place sous la volée entre les chargeurs, la hampe reposant sur le seuillet du sabord, le bouton sur le pont touchant l'essieu de l'avant.

(Action.)

2e *temps.* — Le premier servant de droite, aidé du premier de gauche, tourne plusieurs fois l'écouvillon au fond de l'âme dans le sens convenable pour faire prendre le tire-bourre, il le retire en continuant à le tourner dans le même sens, l'appuie sur le bourrelet, le frappe plusieurs fois en dévirant pour faire tomber les culots de gargousse et la crasse, et le passe aussitôt au deuxième servant de droite qui le pose sur le pont; il saisit le refouloir. Le premier servant de gauche fait un demi-à-gauche. Le chef de pièce introduit le dégorgeoir dans la lumière pour s'assurer qu'elle est dégagée; si elle ne l'est pas, il fait le signe négatif pour qu'on écouvillonne de nouveau; si elle l'est, il fait le signe affirmatif. Le chef rebouche la lumière.

Le dernier servant de droite nettoie le marteau, visite l'escargot et mouille l'écouvillon; les garants de côté sont décapelés des pitons à croc et passés aux derniers servants qui les posent sur la queue des flasques. Le pourvoyeur va se placer en abord, à la hauteur du premier servant de gauche.

(Action.)

6e COMMANDEMENT.

La charge dans le canon! A la poudre!

Un temps.

Le premier servant de gauche reçoit du pourvoyeur la gargousse qu'il place dans le canon, le culot le premier; il met ensuite dans la pièce le boulet et le valet qui lui sont donnés par le deuxième servant de gauche. Ce dernier reprend son poste.

Le premier servant de droite, pendant ces mouvements, empêche au besoin le boulet de tomber en mettant la tête du refouloir devant la bouche de la pièce.

Dès que la charge est introduite, le premier servant de droite et le premier servant de gauche l'enfoncent vivement au fond de l'âme avec le refouloir, par des mouvements successifs et à toute longueur de bras, en appuyant fortement sur la charge au dernier mouvement. Le chargeur s'assure qu'elle est rendue par la longueur de la hampe, et en avertit le chef en frappant sur le bourrelet de la pièce; il allonge le bras droit de toute sa longueur, a la main gauche sur la volée, le corps incliné en avant prêt à refouler. Le premier servant de gauche, dans une position semblable, tient la hampe du refouloir de la main gauche.

Dès que le pourvoyeur a remis la gargousse, il va en chercher une autre ayant le gargoussier sous le bras gauche et la main droite sur le couvercle, il se replace ensuite à la hauteur des boucles de retraite.

(Action.)

7e COMMANDEMENT.

Refoulez!

Un temps.

Les chargeurs refoulent deux coups, celui de gauche revient aussitôt à sa place, celui de droite retire le refouloir, le passe au second qui le pose sur le pont, et il reprend son poste.

Le chef de pièce s'assure que la charge est rendue, et perce la gargousse d'un seul coup de poignet. Si la charge n'était pas rendue, il ferait avec le dégorgeoir le signe négatif pour qu'on refoulât de nouveau.

En même temps, l'avant-dernier servant de gauche engage l'anspect dans l'anneau carré, le dernier servant de gauche se porte à la hauteur du palan de retraite, prêt à en défaire la demi-clef.

Le dernier servant de droite et l'avant-dernier de gauche rabraquent les garants qui reposaient sur la queue des flasques, et les placent dans les mains des autres servants. Les premiers servants de droite et de gauche décalent les roues et posent les coins d'arrêt derrière eux.

(Action.)

8e COMMANDEMENT.

En batterie !

Deux temps.

1er *temps.* — Le chef de pièce prend l'anspect de la main gauche et se tient prêt à s'en servir pour diriger la pièce au sabord ; le dernier servant de gauche se baisse, défait la demi-clef du palan de retraite, prend le garant des deux mains, met le pied gauche sur l'estrope de la poulie et se dispose à filer dès que la pièce ira en batterie.

(Action.)

2e *temps.* — Le chef de pièce fait un signal de la main droite auquel tous les servants agissent ensemble pour mettre la pièce en batterie d'après le pointage indiqué. Les premiers servants soutiennent la brague pour empêcher qu'elle ne s'engage pendant le mouvement. Aussitôt que la pièce est rendue au sabord, l'avant-dernier servant de gauche dégage l'anspect et le pose sur le pont hors de la direction des roues.

Le chef amorce et assujettit la pièce en passant autour du bouton de culasse un tour de chaque garant, qu'il fait tenir par les deuxièmes servants. Les chargeurs lovent les garants des palans de côté et le dernier servant de gauche donne du mou dans le palan de retraite.

(Action.)

Nota. — Si l'on continue l'exercice, on reprend au troisième commandement puisque la gargousse a été percée au septième commandement et la pièce amorcée au huitième.

9e COMMANDEMENT.

Tapez, amarrez les canons, les ustensiles en place !

Un temps.

Les pièces sont tapées, amarrées et le croissant relevé ; les ustensiles sont remis en place par les mêmes servants qui avaient été désignés pour disposer la batterie, chacun reprend son poste.

(Action.)

En chargeant à obus.

L'exercice du canon en chargeant à obus est le même que l'exercice précédent, à l'exception des cinquième et sixième commandements.

5e COMMANDEMENT.

Bouchez la lumière, écouvillonnez, au refouloir, à l'obus!

Deux temps.

1er *temps.* — Le chef de pièce tient la lumière bouchée pendant toute la durée de la charge, et ne retire son pouce pour sonder, que lorsque les chargeurs sont bien effacés. Les premiers servants de droite et de gauche se portent à la volée, en passant par-dessus les palans et la brague; le deuxième servant de droite remet au premier l'écouvillon, que celui-ci, aidé du premier servant de gauche, enfonce dans la pièce. Il prend aussitôt après le refouloir et le place sous la volée entre les chargeurs, la hampe reposant sur le seuillet du sabord, le bouton sur le pont touchant l'essieu de l'avant.

(Action.)

2e *temps.* — Le premier servant de droite, aidé du premier servant de gauche, tourne plusieurs fois l'écouvillon au fond de l'âme pour faire prendre le tire-bourre : il le retire en continuant à le tourner dans le même sens, l'appuie sur le bourrelet, le frappe plusieurs fois en dévirant pour faire tomber les culots de gargousse et la crasse, et le passe aussitôt au deuxième servant de droite qui le pose sur le pont; il saisit le refouloir. Le premier servant de gauche fait un demi-à-gauche.

Le chef de pièce introduit le dégorgeoir dans la lumière pour s'assurer qu'elle est dégagée; si elle ne l'est pas, il fait le signe négatif pour faire écouvillonner de nouveau; si elle l'est, il fait le signe affirmatif. Le chef rebouche la lumière.

Le dernier servant de droite nettoie le marteau, visite l'escargot et mouille l'écouvillon; les garants de côté sont passés aux derniers servants qui les posent sur la queue des flasques.

Le deuxième servant de gauche prend la boîte vide, si l'on a tiré, et la porte au passage des obus, où il la dépose. Il reçoit la boîte contenant le nouveau projectile, la saisit par les anses et va la poser sous la volée de la pièce.

(Action.)

6e COMMANDEMENT.

La charge dans le canon, à la poudre!

Un temps.

Le premier servant de gauche reçoit du pourvoyeur la gargousse qu'il place dans le canon, le culot le premier, puis il se baisse enlève le couvercle de la boîte à obus et le passe au second servant, qui le met derrière lui.

Le premier servant de gauche enlève l'obus de sa boîte et le place avec précaution dans le canon, le sabot le premier. Le deuxième servant de gauche tient la boîte pour faciliter la sortie du projectile et le recouvre. Le premier servant de droite décoiffe la fusée. Le premier servant de gauche place la main gauche devant la bouche de la pièce.

Dès que la charge est introduite, le premier servant de droite et le premier servant de gauche l'enfoncent doucement et sans secousse au fond de la pièce. Le chargeur s'assure que la charge est rendue par la longueur de la hampe, en avertit le chef en frappant sur la pièce; il allonge le bras droit de toute sa longueur, a la main gauche sur la volée, le corps incliné en avant, prêt à refouler : le premier servant de gauche, dans une position semblable, tient la hampe du refouloir de la main gauche.

Dès que le pourvoyeur a remis la gargousse, il va en chercher une autre, ayant le gargoussier sous le bras gauche et la main droite sur le couvercle; il se replace ensuite à la hauteur des bouches de retraite.

(Action.)

Amarrages des canons.

D. — Quelles sont les différentes sortes d'amarrages en usage?

R. — L'amarrage à garants simples, l'amarrage à garants doublés, l'amarrage à la serre, l'amarrage au grelin, l'amarrage en vache.

D. — Combien y a-t-il de manières d'amarrer à la serre?

R. — Deux : par le bouton de culasse et par la queue des flasques.

D. — Dans quelles circonstances fait-on emploi de ces divers amarrages?

R. — L'amarrage à garants simples n'est exécuté qu'au mouillage sur les rades, et à la voile dans les beaux temps. — L'amarrage à garants doublés est usité dans les mauvais temps pour les batteries des frégates et les batteries hautes des vaisseaux. — L'amarrage à la serre est employé pour les batteries basses des vaisseaux, par mauvais temps. — L'amarrage au grelin sert à consolider l'amarrage à la serre. — L'amarrage en vache s'emploie quand on veut avoir plus de place à bord, ou pour adoucir les roulis du navire.

D. — Décrivez l'amarrage au grelin.

R. — Les canons étant amarrés à la serre, il faut, pour exécuter cette opération, élonger un grelin, dans toute la longueur de la batterie, en aiguilleter un des bouts à la boucle de serre-gouttière du premier sabord de l'avant, faire porter le grelin sur les boutons de culasse de tous les canons, et le roidir au moyen d'une caliorne frappée sur le grelin, et crochée à la boucle de serre-gouttière du dernier sabord de l'arrière; genoper ensuite solidement le grelin ou la caliorne; prendre les palanquins qui servent à lever les mantelets des sabords, en mettre un dans chaque poste à canon à droite de la pièce; crocher la poulie double à une boucle placée à cet effet sur la serre-gouttière, et la poulie simple à une erse baguée sur le grelin; faire ranger sur chacun des palanquins les deuxième et troisième servants de chaque côté et les roidir tous ensemble; faire avec le restant de chacun des palanquins plusieurs tours qui passeront dans l'erse de dessus en dessous; roidir ces tours; terminer par une bridure à toucher la poulie simple.

Manœuvres de force.

D. — Combien y a-t-il de méthodes employées pour démonter un canon?

R. — Trois : 1° en se servant de la machine Griolet; 2° avec l'aiguillette, le raban de volée, et les barres de cabestan, 3° en trévirant l'affût.

D. — Dans quelles circonstances emploie-t-on l'une ou l'autre de ces méthodes?

R. — Si l'affût est brisé, le canon se trouvant dans une position irrégulière, on emploie la machine Griolet pour soulever la bouche à feu, cette machine pouvant prendre le canon sur le pont, et l'élever convenablement pour présenter un nouvel affût. Si l'affût est avarié, sans être brisé, l'on peut présenter immédiatement un affût de rechange sans qu'il soit nécessaire d'amener le canon sur le pont. L'usage de la machine tout entière n'est pas alors indispensable; le canon peut être démonté à l'aide d'une demi-machine, soit par la machine à la volée et l'aiguillette à la culasse, soit par le raban à la volée et la machine à la culasse. C'est aussi dans ce cas qu'on emploie la deuxième méthode. — La troisième manière n'est employée que lorsque l'affût est brisé et le canon placé de telle manière qu'on ne puisse se servir d'aucun des deux premiers moyens.

D. — Quelles sont les diverses manières de démonter une caronade?

R. — 1° Avec le bout de vergue et le palan d'étai; 2° avec des palans frappés sur les haubans; 3° avec des anspects et des barres.

D. — Décrivez chacune de ces méthodes?

R. — Pour changer l'affût d'une caronade par le premier moyen, il suffit de transporter la pièce sous un palan d'étai avec lequel, et à l'aide d'un bout de vergue, on la soulage après avoir enlevé le boulon tourillon. On retire l'affût et on en présente un autre.

Pour les caronades qui se trouvent placées près des porte-haubans, on peut tout simplement frapper, sur l'un des haubans, deux palans dont l'un correspond à la volée de la pièce, et l'autre à la culasse. En agissant ensemble sur les deux palans, on enlève la caronade de manière à dégager le support tourillon. A la mer, cette méthode est la plus simple quand de bonnes retenues maintiennent la caronade au roulis.

Pour changer l'affût par la troisième méthode, on opère de la manière suivante : le chef retire la bride de brague, les servants démaillent la brague, le pourvoyeur la prend et l'éloigne de la pièce; la partie basse du sabord est relevée par les servants, garnie d'un paillet, et les crochets sont mis en place; les servants placent deux bailles de combat l'une sur l'autre, de chaque côté de la pièce, à hauteur du support de châssis de l'arrière, et placent un chantier de 10 à 12 centimètres de hauteur sur les deux bailles de combat. Le chef élève la culasse au moyen de la vis de pointage, jusqu'à ce que les servants puissent retirer le bouton tourillon; on place alors le coin de mire sous la pièce, le chef fait remonter la vis et place un tasseau sur l'affût au-dessous de la tête de la vis de pointage. Il élève ensuite de nouveau la culasse au moyen de la vis. Les servants passent une barre de cabestan en travers, sous le bouton de culasse, en plaçant un anspect entre la barre et le bouton de culasse; ils font reposer la barre sur les chantiers des bailles, dès que la culasse est assez élevée.

La caronade repose alors sur la partie basse du sabord et sur la barre de cabestan; la cheville ouvrière est retirée, l'affût que l'on veut changer enlevé, et le nouvel affût présenté.

Pour amener la caronade sur son affût, le chef élève un peu la caronade avec la vis de pointage; on retire l'anspect de dessous le bouton de culasse, et ensuite la barre de cabestan. Le chef dévisse la vis jusqu'à ce que les servants puissent mettre en place le boulon tourillon.

Ce démontage ne nécessite, pour être exécuté, que les hommes formant l'armement de la pièce.

D. — Quels sont les objets nécessaires pour embarquer ou pour débarquer un canon?

R. — Ce sont : une sole à coulisse, une galoche, quatre roues de rechange, une ou deux estropes de culasse, un ou deux palans longs et une élingue à canon.

D. — Comment s'y prend-on pour embarquer un canon?

R. — Le canon est supposé placé sur des rances dans un ponton mâté amarré le long du bord. On le garnit d'une ou deux estropes de culasse, suivant le calibre, et on le saisit par une élingue à canon capelée d'abord au bouton de culasse et élongée ensuite par son double sur la pièce en remontant jusqu'à la volée, où elle est fixée en avant des tourillons par plusieurs tours d'aiguillette.

L'affût, dont le croissant a été relevé, est rapproché le plus possible du bord; les roues de l'arrière calées, on l'amarre solidement au sabord par deux tours de chaque garant de palan de côté passés aux crocs de brague et sous la queue des flasques; on place ensuite sur la sole quatre roues de rechange : sur ces roues, une semelle à coulisse bien suivée qui porte une galoche dont on tourne le talon en dehors pour l'embarquement, et en dedans pour le débarquement; la culasse du canon entraîne la galoche et la fait glisser sur la coulisse.

On croche dans l'élingue la caliorne de tête de mât du ponton; le garant de cette caliorne est enroulé au cabestan. On vire alors jusqu'à ce que la pièce soit élevée à la hauteur du sabord, et l'on introduit un anspect dans l'âme pour diriger le canon qui doit entrer horizontalement dans le sabord la culasse la première. A cet effet, un ou deux palans longs venant du sabord vont s'accrocher aux estropes de culasse; on hale sur leurs garants en mollissant la caliorne, et la pièce est amenée sur son affût.

On peut encore frapper une estrope sur la volée pour y crocher la candelette du ponton, ce qui donne un surcroît de force et un moyen de direction.

Si le canon doit être placé sur les gaillards, on le hisse au moyen de l'élingue, un palan d'étai sert à le conduire sur son affût.

D. — Comment se fait l'opération quand on n'a pas de ponton mâté et que la pièce repose dans un chaland ou sur le quai, près du bâtiment?

R. — Si la pièce est de gros calibre, on commence par aiguilleter une caliorne à la grande vergue, de manière que le point de suspension corresponde environ à un mètre en dehors de la préceinte; la vergue est brassée de manière que la caliorne soit à l'aplomb du sabord d'embarquement, et on roidit ses bras, drosses, balancines et fausses balancines.

Pour les petits calibres et les caronades, les palans d'étai et de bout de vergue suffisent comme appareil.

Pour les pièces de 80, de 50 et de 36, on met deux estropes de culasse; les cosses se présentent alors de chaque côté.

D. — Si le bâtiment n'est pas mâté, que fait-on?

R. — On conduit le bâtiment sous une grue, ou on se sert d'un mât de charge.

Enfin, quand on n'a à sa disposition aucun des moyens précédents, on peut embarquer les canons au moyen des bossoirs; le garant du capon est envoyé dans la batterie par les sabords de chasse.

D. — Que reste-t-il à faire quand le canon repose sur son affut?

R. — On mollit tous les palans, et on les décroche ainsi que tous les apparaux. Le canon est alors conduit au sabord qu'il doit occuper, et on présente un nouvel affût au sabord d'embarquement. On place les susbandes et la brague, on grée le canon de ses palans et ustensiles; la hausse, la masse de mire et le percuteur sont fixés.

D. — Comment débarque-t-on un canon?

R. — Le canon est amené sur son affût au sabord de débarquement; on enlève les susbandes, la brague est dépassée; la hausse, la masse de mire et le percuteur sont démontés. On prend les mêmes dispositions que pour l'embarquement. Les palans longs roidis, on soulage le canon avec la caliorne en mollissant à mesure les palans pour le laisser sortir du sabord.

Il est utile de faire sur le canon deux bridures de l'élingue au lieu d'une. La deuxième est faite au ras de la bridure, et deux hommes placés en dehors tiennent les bouts de l'aiguillette en la filant à mesure que le canon sort.

On se dispense d'amarrer l'affût, parce que l'opération tend à le rapprocher du sabord.

D. — Comment embarque-t-on ou débarque-t-on une caronade?

R. — On capelle au bouton de culasse une élingue à canon que l'on bride sur l'avant du support-tourillon; on croche dans l'élingue un bout de vergue et un palan d'étai qui suffisent pour cette opération. On fait passer la pièce par-dessus le bastingage, et on la met sur son affût disposé à l'avance.

Pour la débarquer, on retire la brague et le boulon-tourillon, on capelle l'élingue, et, à l'aide des mêmes palans, on la fait passer par-dessus le bastingage.

Si la caronade était dans une batterie couverte, on ferait la même opération que pour l'embarquement ou le débarquement d'un canon, sauf les différences d'affûts.

D. — Comment s'y prend-on pour jeter un canon à la mer?

R. — On déshabille le canon et on le met au sabord; on saisit l'affût, et, au moyen de deux aiguillettes que l'on passe dans les pitons des flasques et dans les crocs de palans de côté, on retire les susbandes, on croche les poulies doubles des palans de côté dans la boucle de serre et les crocs des poulies simples dans une erse capelée au bouton de culasse. — On place le coussin, ou mieux un rouleau, sur le seuillet du sabord pour y faire porter la volée.

Ces dispositions prises, quatre servants munis d'anspects soulagent la culasse, tandis que les autres servants agissent sur les palans crochés à la boucle de serre. A mesure que, par ces efforts réunis, les tourillons sortent de leurs encastrements, on place sous la culasse, soit des coussins, soit des anspects mis en travers sur les adents, jusqu'à ce qu'il ne faille plus qu'un faible effort pour dégager tout à fait la pièce et la faire passer par le sabord. On saisit, pour faire ce dernier effort, l'instant où le bâtiment s'incline du bord où l'on opère.

Si la mer est grosse, on opère successivement, en n'ouvrant qu'un sabord à la fois.

D. — Dans quelle occasion peut-on se trouver contraint à cette opération?

R. — Lorsque le bâtiment est vieux, délié, et que, dans un très-mauvais temps, son artillerie le fatigue au point de le compromettre. Dans le cas d'échouage, s'il est urgent d'alléger le navire, on jette aussi l'artillerie à la mer.

D. — Comment jette-t-on une batterie à la mer, lorsqu'on ne veut pas perdre ses canons?

R. — On met un orin et une bouée sur chaque pièce ; mais, quand le fond est peu considérable, voici comment on procède : on élonge un grelin à l'extérieur; un double du grelin entre dans chaque sabord et est capelé au bouton de culasse, où il est bridé, ainsi que sur l'avant des tourillons; on met ensuite une bouée sur chaque bout de ce grelin. Quand on est disposé à chaque canon, on les jette à la mer tous ensemble comme il a été dit pour un seul. On n'emploie ainsi qu'un seul orin et deux bouées pour toute une batterie.

Il faut avoir soin de laisser entre deux canons consécutifs une longueur de grelin plus grande que la hauteur du fond, afin d'éviter d'avoir le poids de plusieurs canons à lever à la fois.

D. — Comment jette-t-on une caronade à la mer?

R. — On retire la brague et le boulon-tourillon ; on garnit le seuillet du sabord de deux coussins, on met la vis à toute hauteur et on la démonte après l'avoir remplacée par des coins de mire; puis, au moyen de leviers et d'anspects, on fait parer le support-tourillon des crapaudines; on met un anspect en travers sous la culasse, quatre hommes pèsent à la fois, et, en profitant du roulis, la pièce est facilement jetée à la mer.

Si la caronade se trouvait au-dessus des porte-haubans, on la transporterait à un autre sabord.

Si elle était dans une batterie, on procéderait comme nous l'avons dit.

TABLE

SERVANT AUSSI DE QUESTIONNAIRE

CONSIDÉRATIONS GÉNÉRALES.

MANŒUVRE SOUS VAPEUR.

APPAREILLAGE. — MOUILLAGE. — ÉCHOUAGE.

MANŒUVRES A L'ANCRE.

DES REMORQUES.

FIN

Paris — Imp. P.-A. Bourdier et Cie, rue Mazarine, 30.

Paris. — Imprimerie de P.-A. BOURDIER et Cie, 30, rue Mazarine.

www.ingramcontent.com/pod-product-compliance
Ingram Content Group UK Ltd.
Pitfield, Milton Keynes, MK11 3LW, UK
UKHW021212220726
13924UKWH00003B/1485

9 782019 324162